职业院校
汽车类"十二五"规划教材

工业和信息化高职高专
"十二五"规划教材立项项目

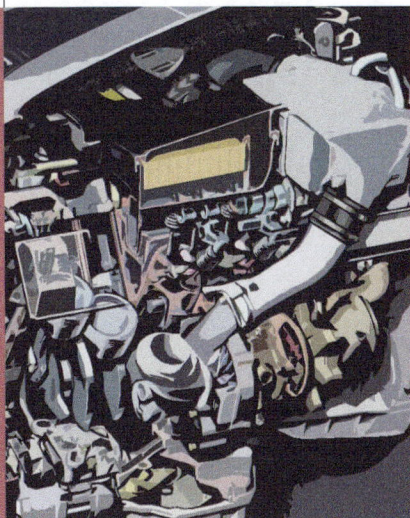

U0739919

汽车构造

Automobile
Structure

◎ 姜华 主编

◎ 高飞 谭立志 童大权 令狐昌伟 副主编

◎ 汪炎珍 主审

人民邮电出版社
北 京

图书在版编目（CIP）数据

汽车构造 / 姜华主编. -- 北京：人民邮电出版社，
2014.11
职业院校汽车类"十二五"规划教材
ISBN 978-7-115-37136-2

Ⅰ. ①汽… Ⅱ. ①姜… Ⅲ. ①汽车－构造－高等职业
教育－教材 Ⅳ. ①U463

中国版本图书馆CIP数据核字(2014)第219050号

内 容 提 要

本书共分 5 章。精选任务和案例，以图文并茂和提问的方式，让读者能看到汽车内部的具体构造，深入了解汽车各个部件装配位置及工作原理，全面阐述了汽车整车、发动机、底盘、电气、车身等构造。

本书适合作为中高职汽车类专业汽车构造基础课程的教材，也可供汽车爱好者选车、购车、用车时参考。

◆ 主　　编　姜　华
　　副 主 编　高　飞　谭立志　童大权　令狐昌伟
　　主　　审　汪炎珍
　　责任编辑　刘盛平
　　执行编辑　王丽美
　　责任印制　焦志炜

◆ 人民邮电出版社出版发行　　北京市丰台区成寿寺路 11 号
　　邮编　100164　电子邮件　315@ptpress.com.cn
　　网址　http://www.ptpress.com.cn
　　北京九州迅驰传媒文化有限公司印刷

◆ 开本：787×1092　1/16
　　印张：10　　　　　　　2014 年 11 月第 1 版
　　字数：195 千字　　　　2025 年 2 月北京第 7 次印刷

定价：45.00 元

读者服务热线：(010)81055256　印装质量热线：(010)81055316
反盗版热线：(010)81055315

前言

在汽车支柱产业形成，国家构建中、高职有效衔接的现代职教体系和汽车大踏步进入家庭的背景下，承担应用型、技能型人才培养的职业院校，如何克服教与学的脱节，编写适合的教材，高效培养汽车类人才已经成为当务之急。

编者根据多年来的汽车专业教学工作经验，参考了大量书籍和技术资料，从中遴选了相关案例，精心设计任务和问题，并配以大量精美的汽车图片和简洁文字说明，深入浅出地介绍了汽车各个总成部件的构造、原理及最新汽车技术与配置等。

编写时采用了任务驱动教学法，以案例和问题引入的方式，力求使用简洁精准的语言，全面阐述汽车整体的知识，体现了现代职业教育教材理论性、实践性、综合性的特征。本书还配置了课件、教学视频等资料，非常适合职业院校汽车类"任务引领型课程"和中高职衔接相关课程教学。

本书由姜华任主编，高飞、谭立志、童大权、令狐昌伟任副主编，湖南汽车工程职业学院副院长汪炎珍副教授任主审，负责本书编写的策划和统筹。杨志茹、刘海宏、刘松文、李治国、陈刚、石庆丰、周辉元、肖锡刚、黄志勇、黄敏雄、刘作雄、刘华柏、彭强、盛志勇、梁碧芬等参与编写。

本书编写过程中，参考和引用了大量文献资料，特向有关作者表示衷心感谢！

由于编者水平所限，书中错误和欠妥之处在所难免，恳请广大读者和从事汽车教学的同仁对书中疏漏之处给予批评指正。

湖南汽车工程职业学院

《汽车构造》编写组

2014 年 5 月

目 录

导　言

对于汽车（见图 0-1）大家再熟悉不过了！但它的起源、结构、发展，大家也许不知道吧？

汽车自 19 世纪末诞生以来，其发展的速度是非常惊人的！从卡尔·本茨的第一辆三轮汽车到现代名车，足以看出变化之大。让我们来回望这段历史吧！

世界上第一辆三轮汽车（见图 0-2）是德国人卡尔·本茨发明的。1886 年 1 月 29 日德国曼海姆专利局批准卡尔本茨为在 1885 年研制成功的第一辆单缸三轮汽车申请专利，从而获得了世界第一辆汽车的发明权。这一天被大多数人认同为汽车诞生日。

图 0-1　汽车

图 0-2　世界上第一辆三轮汽车

汽车之父——德国工程师卡尔·本茨（1844 － 1929）与戈特利布，戴姆勒（1834 － 1900）。他们在 1886 年分别发明了世界第一辆三轮汽车和第一辆四轮汽车，共同开创了汽车时代。本茨于 1886 年制成了世界上第一台小型气缸，并用这一气缸转动链式引擎，制成了比戴姆勒内燃机更为先进的小型高效内燃机。这一年，本茨把他的内燃机第一次安装在一辆三轮车上，制成了一辆重 250kg，时速 16km 的先进自行车辆。

卡尔·弗里特立奇·本茨（Karl Friedrich Benz，1844 年 11 月 25 日——1929 年 4 月 4 日），德国著名的戴姆勒—奔驰汽车公司的创始人之一，现代汽车工业的先驱者之一，人称"汽车之父""汽车鼻祖"。汽车在改变人们的生活，它在带给人们极大便利的同时也带来了一些烦恼。但是生活就是这样，对任何生活方式的评价都是相对的，没有绝对的好与坏。这是一种观念，一种态度，更是一种文化。

汽车对于现代人来说不是一件稀奇的事了，但真正了解汽车懂得汽车的人又有多少呢？

📖 走进汽车世界

一、汽车由哪些主要部分组成

（1）汽车发动机：是根据所使用能源的不同来进行区别制造的一个能量转换装置，一直以来没有多大改变，使用汽油的叫汽油机，使用柴油的叫柴油机，使用新能源的叫新能源发动机。

（2）汽车底盘：由传动系统、行驶系统、制动系统、转向系统4大系统组成。

（3）汽车车身：汽车车身形式多样化，体现了时代气息，主要经历了6个阶段。

① 马车型，如图0-3所示。

② 箱型，如图0-4所示。

图0-3　马车型　　　　　　　　　　　　图0-4　箱型

③ 甲壳虫型，如图0-5所示。

④ 船型，如图0-6所示。

图0-5　甲壳虫型　　　　　　　　　　　图0-6　船型

⑤ 鱼型，如图0-7所示。

⑥ 楔型，如图0-8所示。

图 0-7　鱼型

图 0-8　楔型

（4）汽车电气设备：汽车有传统汽车和现代汽车之区别，传统汽车使用的电气设备很少，现代汽车是由电气设备和电控技术武装的，所以也称电气系统。

二、汽车为什么会跑

汽车是一个组合体，就如同人体一样，有神经枢纽中心"大脑"——（ECU）汽车电脑、心脏——发动机、完成动作的手和脚——汽车行驶系、转向系。一路走来我们对汽车的热爱之情与日俱增，对汽车方面知识的探索没有终止。

随着对汽车方面知识的了解，我们会发现现代汽车的发展越来越快，新技术、新能源、新名词、新的设计理念及元素使你目不暇接。如果只是停留在认识一些车标、车模、名车上，已不能满足汽车爱好者的需求了，伴随汽车技术的进步，汽车爱好者自然需要更新知识，对汽车有更深层次的认识和了解。了解汽车的构造、行驶的性能，才能轻松愉快的驾驶汽车，享受驾驶的乐趣，不断提高驾驶技巧，使爱车延年益寿。

汽车就好像人体一样，也是有生命和各种器官的。给人看病的是医生，汽车拆装维修是外科手术医生、汽车发动机电控诊断是神经科医生、汽车车身修复是整形医生，作为从事汽车专业学习的你，想成为汽车医生吗？那就请跟我们一起走进汽车的世界，了解汽车、熟悉汽车、懂得汽车吧！

模块一 整车

Automobile

任务描述

1. 熟悉汽车的整体构造。
2. 了解汽车的设计制造过程。
3. 了解我国汽车的分类。
4. 了解汽车车型代码的含义。

导 入

　　汽车如同人一样都是有"生命"的，也是"生命"之物，汽车的生命来源于发动机，发动机就是汽车的"心脏"。

　　发动机是汽车的动力之源、生命之源。底盘就如同人体的躯体。车轮就如同人的脚在地面行走。转向电气系统就如同人的手神经系统。车身就如同人的外表，形式多样。

　　汽车也是有性格的，性格各异且千差万别，有尊贵型、气派型、勇猛型、稳重型、秀气靓丽青春型等。只有让她敞开心扉，才可能真正走进她的世界去了解她，认识她，驾驭她！

课题一 汽车整体构造
Car whole structure

📖 **任务一 汽车整体构造的认识**

汽车的零部件有多少？

这个问题迄今没有标准答案，估计一般轿车应有1万多个不可拆解的零部件组装而成，如图1-1所示。构造极其复杂的特制汽车，如F1方程式赛车等，其不可拆解的零部件数量多达2万个。然而到目前为止，还没有人能将一辆汽车的零部件数量准确计算出来。汽车零部件的多少不是衡量汽车安全可靠性的标准，只是根据不同车型构造上的需要来确定。

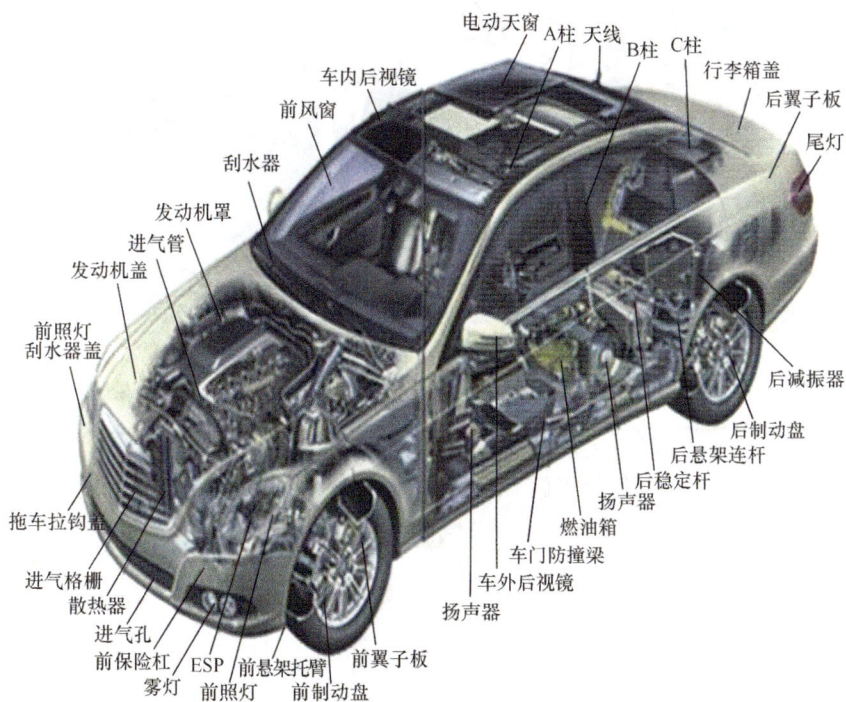

电动天窗 A柱 天线 B柱 C柱 行李箱盖
车内后视镜 后翼子板
前风窗 尾灯
刮水器
发动机罩
进气管
发动机盖
前照灯 后减振器
刮水器盖 后制动盘
后悬架连杆
后稳定杆
扬声器
燃油箱
车门防撞梁
车外后视镜
扬声器
拖车拉钩盖
进气格栅
散热器
进气孔
前保险杠 前翼子板
ESP 前悬架托臂
雾灯 前照灯 前制动盘

图1-1 整车零部件分布图

三、样车应做一些什么试验？

每完成一种品牌样车，在正式投产前需对样车做一系列的试验，一般分两个方面：汽车室内试验（见图1-6）：发动机装配性能测试、碰撞测试、噪声测试、风洞测试、抗电磁波干扰测试、等速油耗测试等；汽车室外试验（见图1-7）：发动机运行测试、制动测试、加速性能测试、高速行驶稳定性测试等。

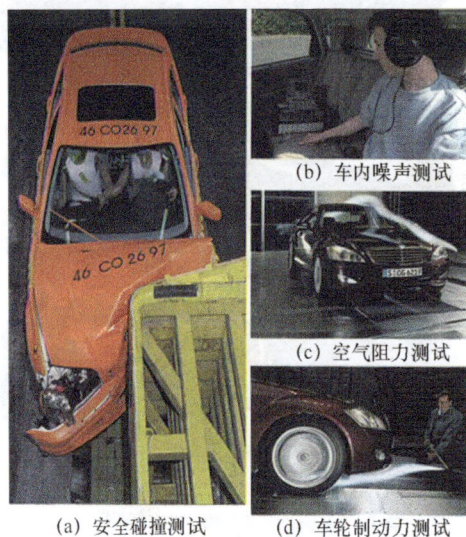

(a) 安全碰撞测试　　(d) 车轮制动力测试

(b) 车内噪声测试

(c) 空气阻力测试

图1-6　汽车室内测试

(a) 高速行驶稳定性测试

(b) 超低温测试

(c) 抗电磁干扰测试

图1-7　汽车室外测试

任务二　对汽车制造工艺的认识

汽车制造有哪些流程？

汽车制造主要经历了7个过程，即草图、效果图、车模、车身冲压、车身焊装、车身涂装、整车总装。一般的汽车生产分7个方面的工艺流程即：车身冲压、车身焊装、车身涂装、底盘组装、底盘和车身结合、内饰件配装、检验和测试。前面五大工艺流程一般都是在整车厂内完成，但发动机、变速箱、车桥、车身附件、内饰件等部件，一般都是由配套生产厂家完成制造，然后，运输到整车总装车间与车身一起组装成整车。

流程一：车身冲压

车身冲压是车身制造的第一道工序，利用大吨位的冲压机将钢板冲压成各种形状的车身钣金件，如图1-8所示。冲压模具制作费用非常高，在汽车制造成本中占很大比例。

流程二：**车身焊装**

车身焊装工序是指将冲压成型的车身板件焊接在一起，组成一个完整的车身，如图 1-9 所示。

图 1-8　材料冲压

圈筒的铝材　　　　模具

图 1-9　车身焊装

如果把车身焊接中最常见的点焊工艺形容为像扣扣子那样将两块甚至多块钢板焊接在一起，那么，激光焊接则像是用拉链将两块钢板整合在一起，如图 1-10 所示。普通的点焊是用大电流小电压将两块钢板于焊接处通电，使钢板与钢板之间烧结而焊固。激光焊接则是将高强度的激光束辐射至钢板表面。通过激光与钢板的相互作用，钢板吸收激光转化为热能使钢板熔化后冷却结晶形成焊接。激光焊接可以使焊缝更加准确和精密，可以使焊接点连接达到分子层面的结合，从而也使整车身的组装更加精准密实，并能强化车身，提高车身碰撞时的安全性。

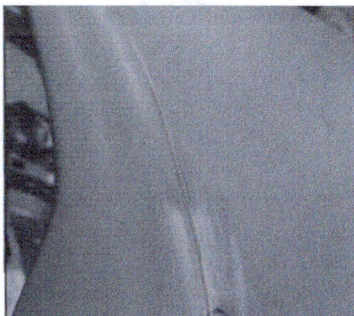

图 1-10　激光焊接

流程三：**车身涂装**

车身涂装主要包括车身处理、电泳除锈、PVC 密封、面漆喷涂等工艺，如图 1-11 所示。

流程四：**底盘组装**

在进入整车总装线前，必须将发动机、变速器、前后车桥、转向系统和制动系统等组装在一起，如图 1-12 所示。

流程五：**底盘与车身结合**

在总装线上，从上面过来的车身与从地面过来的底盘进行结合，如图 1-13 所示。

(a) 电泳除锈   (b) 面漆喷涂

图 1-11　车身涂装

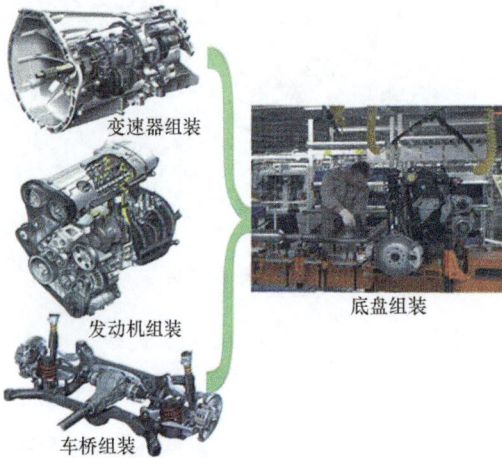

变速器组装

发动机组装

底盘组装

车桥组装

图 1-12　汽车底盘组装

图 1-13　汽车总装

流程六：内饰件配装

　　汽车内饰件装配（见图 1-14）基本是手工操作，它是总装线上较为复杂和耗时的一道工序，也是体现装配工艺水平的地方。

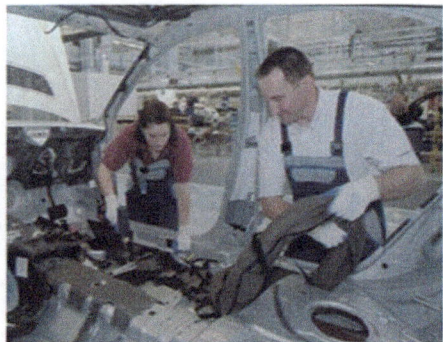

图 1-14　汽车内饰件配装

流程七：检验和测试

每辆下线的新车必须进行汽车性能的静态检验，除此之外还须到实验场（见图1-15）进行动态性能的检验。

经过前面几个流程后，一辆汽车就被制造出来了。

图 1-15 汽车实验场

课题三 汽车分类
Auto classification

📖 任务一 了解我国汽车的分类方式

一、汽车按用途分有哪些种类？

汽车根据用途分两大类：运输汽车、特种用途汽车。

（1）运输汽车。运输汽车可分为轿车（见图1-16）、客车和货车（见图1-17）并按照汽车的主要参数分级，即轿车按照发动机工作容积分级，客车按照车辆总长度分级，货车按照汽车的总质量分级。

图 1-16 轿车

图 1-17 货车

（2）特种用途汽车。特种用途汽车根据特殊要求设计或改装而成，主要执行运输以外的任务，如图1-18所示。包括特种作业汽车、竞赛汽车和娱乐汽车3种，具有装甲或武器的军用作战车辆不属于此类。

二、汽车按动力装置分有哪些种类？

汽车按动力装置分，包含活塞式内燃机汽车、电

图 1-18 消防车

动汽车、燃气轮机汽车、喷气式汽车。

（1）活塞式内燃机汽车（见图 1-19）主要使用汽油和柴油作为燃料。目前的代用燃料主要有合成液体石油、液化石油气、压缩天然气、醇类等。

（2）电动汽车是以电动机为驱动机械并以铅蓄电池或美国研制的燃料电池及铁锂电池为主能源的汽车，如图 1-20 所示。

图 1-19　活塞式内燃汽车

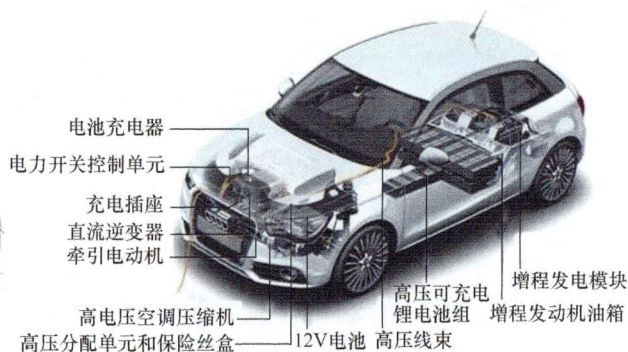

电池充电器
电力开关控制单元
充电插座
直流逆变器
牵引电动机
高电压空调压缩机
高压分配单元和保险丝盒
12V电池　高压线束
高压可充电锂电池组
增程发电模块
增程发动机油箱

图 1-20　奥迪电动汽车

（3）燃气轮机汽车（见图 1-21）与活塞式内燃机汽车相比，燃气轮机汽车功率大、质量小、转矩特性好、对燃油无严格限制，但耗油量和制造成本较高，噪声大。

（4）喷气式汽车是依靠航空或火箭发动机以及特殊燃料，并以喷气反作用力驱动的轮式汽车，时速可达 1227.73km/h，如图 1-22 所示。

图 1-21　大众燃气轮机汽车

图 1-22　喷气式汽车

任务二　了解汽车的代码

一、汽车产品设计顺序号是怎样来标定的？

产品顺序号一般由 1 位数字代表，第一代产品序号为 0，之后依次使用 1，2，3…设计有重大变化时，顺序号顺延。一般来讲顺序号越大，相对技术越先进。

汽车产品代码的含义如图 1-23 所示。车型代码举例如下所述。

① GZH7230：GZH 是指广州本田；7 表示轿车；23 表示排量为 2.3L；0 表示第一代产品。

② CA1091：CA 表示一汽；1 表示货车；09 表示总质量为 9t；1 表示第二代产品。

图 1-23 产品型号——各部分含义说明

二、汽车车型代码由哪几个方面构成？

车型代码分别由 3 个部分 WMI、VDS、VIS 图表排列组成。下面以我国一些著名汽车生产厂家举例来说明。

（1）汽车的生产厂家代号，如第一汽车集团公司（企业名），解放（车牌名），CA（代号）；上海汽车制造厂（企业名），上海（车牌名），Shanghai（汉语拼音），SH（代号）。

（2）汽车类别代号是指汽车生产厂家代号后面的阿拉伯数字所表示的意思，我们国家是 1～9。如 1 代表货车，2 代表越野车，3 代表自卸车，4 代表牵引车，5 代表专用汽车，6 代表客车，7 代表轿车，8（现在还没有使用车型），9 代表半挂车及专用半挂车。

（3）主参数代号是根据不同车辆类别来确定的。表示汽车的总质量的数值用（t）表示，当总质量超过 100t 时，用 3 位数表达。例如，主参数为 04 的车辆其总质量为 3.5～4.4t，主参数为 19 的车辆其总质量为 18.5～19.4t。客车表示汽车的总长度的数值（0.1m），当总长度超过 10m 时以米（m）为单位。例如，主参数为 12 的客车其总长度为 12.5～13.4m。轿车表示发动机的排量的数值（0.1L）精确到小数点后一位。例如，主参数为 11 的轿车其排量为 10.5～11.4L。

三、什么是汽车的 VIN 码？

按国际上对车辆出口国的法律要求，汽车应有车辆识别代码（VIN, 也叫 17 位码），其作用相当于人的护照，一般在 30 年内不会有两辆车有相同的 VIN 码。VIN 码打印在仪表盘上方的号码板上，可从车外透过风窗玻璃看到，如图 1-24 所示。在对汽车检测维修、技术升级时，

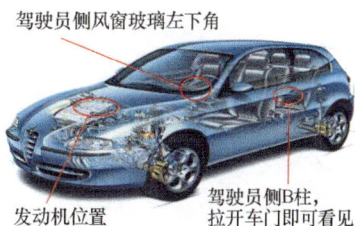

驾驶员侧风窗玻璃左下角

驾驶员侧B柱，拉开车门即可看见

发动机位置

图 1-24 VIN 码最常见的位置

需要向计算机中输入该车的 VIN 码，从而得到全面、权威、准确的信息支持，以及专用检测仪的认可。

VIN 码由 17 位数字和字母组成，共分为 3 部分（见图 1-25）：① 世界制造厂识别代码（第 1～3 位）；② 车辆说明部分（第 4～9 位）；③ 车辆指示部分（第 10～17 位）。例如，上海桑塔纳 2000 轿车的 VIN 码为 LSVHH133022231914，LSV 代表上海大众，H 代表四门加长型折背式车身，H 代表 AJR 发动机，1 代表安全气囊，33 代表上海桑塔纳 2000 轿车，0 代表校验码，2 代表 2002 年，2 代表大众二厂，231914 代表制造序号（生产线代码和生产顺号）。

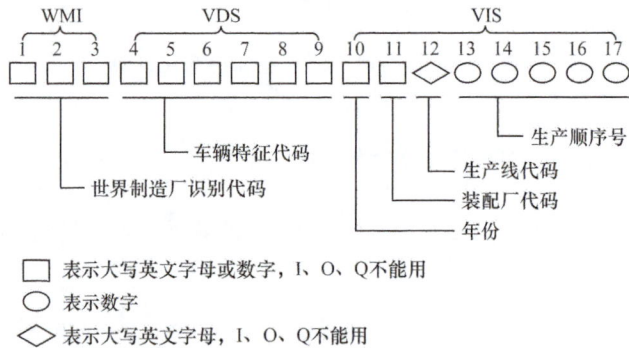

图 1-25　VIN 码

思考题

1. 世界第一辆四轮汽车是哪一年诞生的？如果是你，你会怎样来设计和制造呢？

2. 汽车由哪几部分组成？各部分的作用如何？

3. 汽车成为最受青睐的现代化交通工具的原因何在？试与飞机、火车、轮船等对比分析。

4. 为什么汽车依靠车轮驱动行驶时，其速度不能无限制地提高？

1. 了解并熟悉汽车发动机的总体结构。

2. 掌握汽车发动机各系统的装配位置。

3. 掌握发动机性能特性。

4. 了解发动机的整个工作过程。

5. 了解新技术、新能源在汽车发动机上的应用。

导　入

我们经常看到在陆地上奔驰的汽车、在蓝天上翱翔的飞机、在大海航行的船，你是否想过它们为何能上天、着地、下海呢？是否想知道其中的奥秘，接下来就让我们一起来解开引擎——发动机之秘吧！

模块二　发动机

Engine

课题一　汽车发动机总体结构
The overall structure of the engine

发动机是汽车的动力之源，汽车的生命所在。汽油发动机由两大机构（曲柄连杆机构、配气机构）、五大系统（起动系、点火系、燃料供给系、冷却系、润滑系）组成，如图 2-1 所示。发动机又分为气缸盖、气缸体、油底壳 3 个部分。

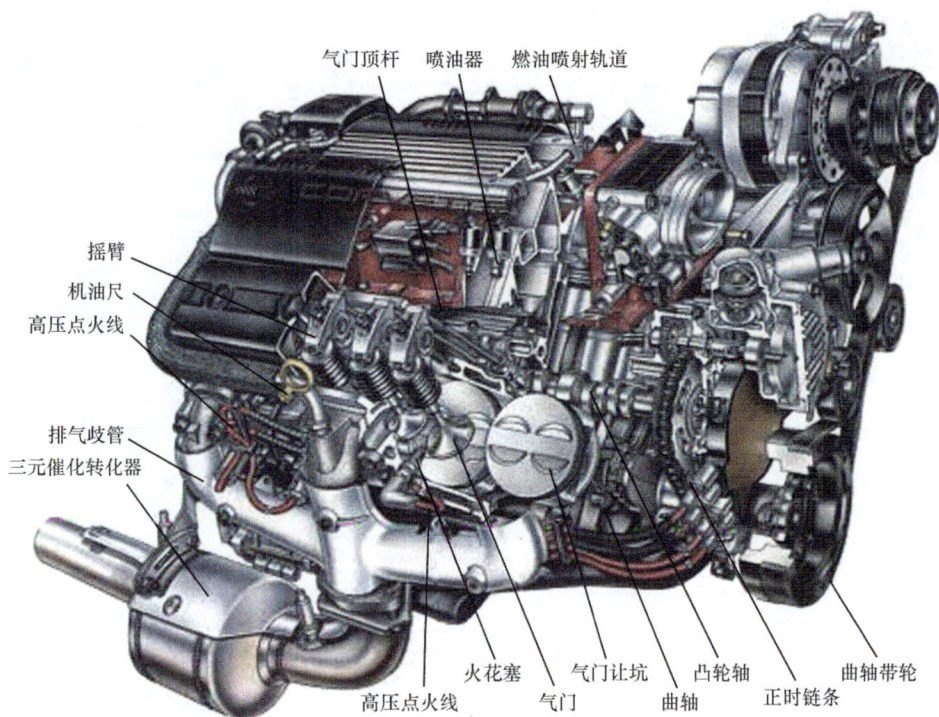

图 2-1　发动机构造

发动机是将某一种形式的能量转化为机械能的装置。将燃料燃烧所产生的热能转化为机械能的装置称为热力发动机，简称热机。内燃机是热力发动机的一种，其特点是液体或气体燃料与空气混合后直接输入机器内部燃烧而产生热能，然后再转变成机械能。另外一种热机是外燃机，如蒸汽机。

内燃机具有热效率高、体积小、质量轻，便于移动以及起动性能好等优点，因而广泛应用于飞机、船舰以及汽车、拖拉机、坦克等各种车辆上。

📖 任务一　了解发动机各部件组成及发动机运行特性

一、汽车发动机共有多少零部件？

一台汽车发动机不可拆解的零部件总数是根据其构造的复杂程度而异，一般发动机为 300～800 个，如图 2-2 所示。一些用于特殊车辆（如跑车、赛车等）的发动机，不可拆解的零部件高达几千个。雪佛兰克尔维特 V8 发动机就有 600 多个零部件。

二、发动机排量和动力输出有什么关系？

发动机的排量是指各缸活塞从下止点到上止点所扫过气缸体的行程容积和燃烧室容积之和，如图 2-3 所示。排量的大小取决于缸径容积和燃烧室容积的大小，一般用 L（升）来表示。发动机的排量越大被吸进到燃烧室的可燃混合气就越多，燃烧得到的热能就越多，转化成为机械能就越多，发动机动力就越强劲，由此可见，发动机排量越大动力输出越多。

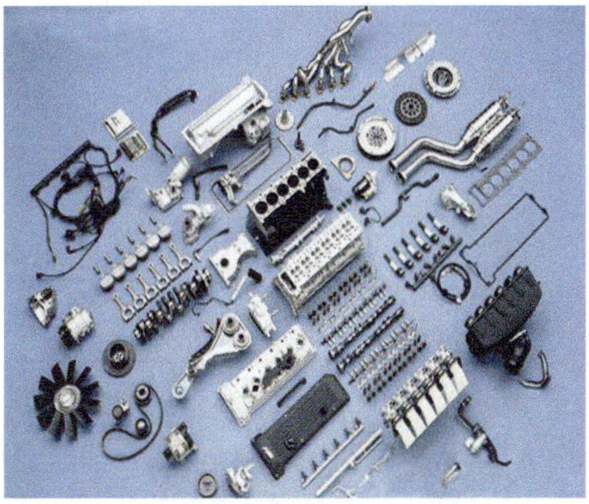

图 2-2　发动机部件分解示意图

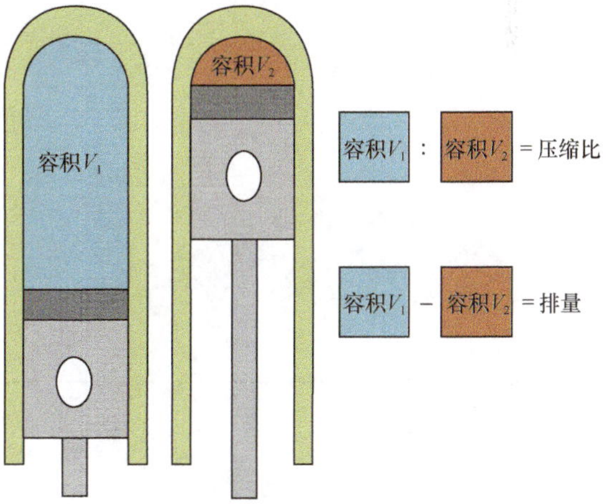

图 2-3　气缸排量及压缩比计算示意图

三、发动机有哪些性能指标和特性呢？

发动机的主要性能指标有动力性指标（有效转矩、有效功率、转速等），经济性指标（燃油消耗率），运转性能指标（排气品质、噪声和起动性能等），如图 2-4 所示。

（1）有效转矩：发动机通过飞轮对外输出的转矩称为有效转矩，以 T_e 表示，单位为 N·m。

（2）有效功率：发动机通过飞轮对外输出的功率称为有效功率，用 P_e 表示，单位为 kW。

（3）燃油消耗率：发动机每发出 1kW 有效功率，在 1h 内所消耗的燃油质量（以 g 为单位），称为燃油消耗率。很明显，燃油消耗率越低，经济性越好。

（4）发动机的转速特性：指发动机功率、转矩和燃油消耗率三者随曲轴转速变化的规律。

（5）发动机工况特性：发动机的工作状况（简称发动机工况）一般是用它的功率与曲轴转速来表征的，有时也用负荷与曲轴转速来表征，把发动机工作的整个过程分为 4 个阶段（起动工况，怠速工况，中、小速工况，大负荷、全负荷工况）。

四、汽车动力来源于哪里？发动机分为哪些种类？

汽车的动力源自于发动机的气缸燃料燃烧产生膨胀力推动活塞运行，如图 2-5 所示。

（1）根据发火方式的不同发动机可分为压燃式发动机与点燃式发动机。汽油的特性是其自燃的温度比柴油的要高，因此常采用点燃式发火。利用火花塞发出的电火花强制点燃汽油，使其发火燃烧，这种发动机称为点燃式发动机。

（2）按工作循环的冲程分进气、压缩、做功、排气 4 个冲程。凡活塞往复 4 个单程完成一个工作循环的称为四冲程发动机，活塞往复两个单程完成一个工作循环的称为二冲程发动机。

图 2-4　发动机运行特征图

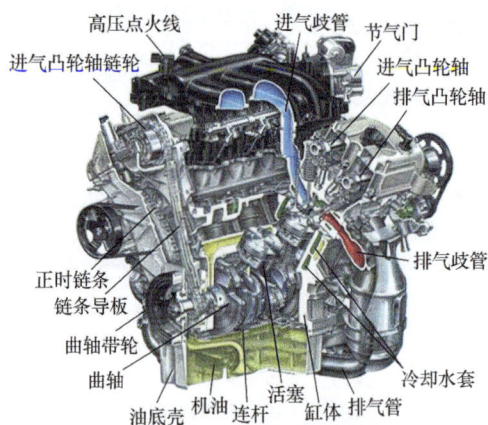

图 2-5　汽油发动机剖视图

五、气缸数和动力有何关系？

在相同功率要求下，缸数越多其动力越大，但是随气缸数量的增加发动机零部件数量随之上升，从而使发动机结构复杂、重量增加、可靠性下降、制造和燃料成本增加等，如图 2-6 所示。因此发动机缸数必须根据发动机的用途及性能来进行确定。

图 2-6 汽油发动机剖视图 2

（图注：机油加注口、气门摇臂、凸轮轴、排气门、张紧轮、正时皮带、机油滤清器、曲轴带轮、油底壳、进气歧管、进气歧管、飞轮、进气门、活塞、连杆、发电机）

📖 任务二 了解发动机气缸布局情况

一、发动机气缸排列方式有哪些？

按气缸数及其排列方式分，仅有一个气缸的称为单缸发动机，有两个以上气缸的称为多缸发动机。单缸有立式与卧式，多缸有直列式、V 型、W 型与水平对置式，如图 2-7 所示。

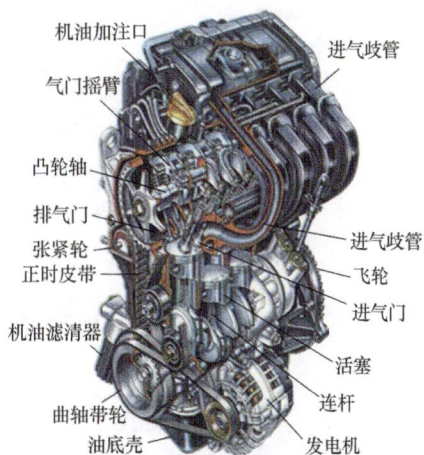

（图注：进气歧管、节气门体、节气门、进气凸轮轴、排气凸轮轴、正时链条、排气凸轮轴链轮、进气凸轮轴链条、正时链条导板、节气门、可变气门伺服电动机、气缸体、直列发动机、V 型发动机、水平对置式发动机）

图 2-7 气缸排列方式

二、V 型发动机结构是怎样的？

将所有气缸排成一排，称为直列发动机。将所有气缸分成两组，把相邻气缸以一定的夹角布置在一起（一般为 90°），形同 V 字，称为 V 型发动机，如图 2-8 所示。

三、W 型发动机的结构有哪些？

W 型发动机是在 V 型的基础上由一个整体分割为两个部分（见图 2-9 和图 2-10），起动后振动较大。

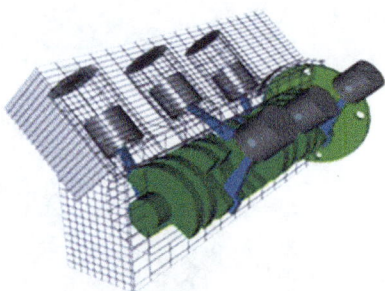

图 2-8　V 型发动机气缸布局

图 2-9　W 型发动机气缸夹角

(a) W12发动机气缸排列

(b) W12发动机气缸体

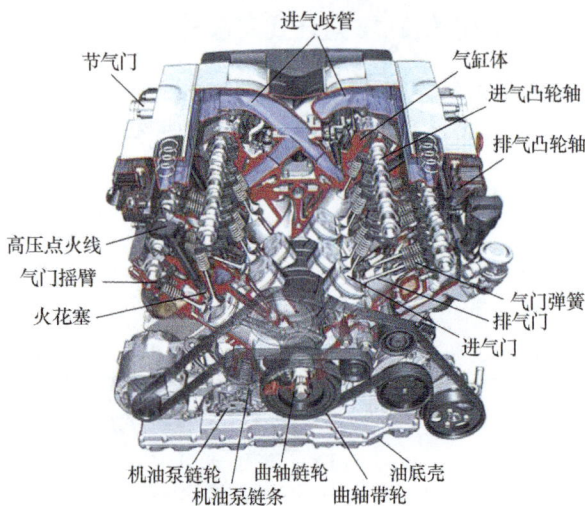

(c) W12型发动机构造

图 2-10　W12 型发动机

四、什么是对置式发动机？

发动机的所有气缸呈水平对置排列，又称"拳击手发动机"，如图 2-11 所示。其优点是减少振动力，使发动机运转更加平稳，增强了汽车的加速性。缺点是维修不方便，排气声怪异。世界发动机厂很少生产对置式发动机，现在还生产并使用的企业只有德国保时捷和日本斯巴鲁。

图 2-11　水平对置发动机气缸布局

📖 任务三　了解四冲程汽油机与柴油机的工作特性

一、四冲程汽油机是怎样完成工作的？

活塞在缸体里往返运动两次，曲轴旋转两周（720°），完成一个工作循环（4 个行程），如图 2-12 所示。

活塞沿气缸做上下移动，移动到最高点的位置称为上止点，移动到最低的位置称为下止点。从上止点到下止点所移动的距离称为行程，如图 2-13 所示。活塞处在上止点时活塞顶部与气缸盖形成燃烧室，燃烧室容积为 V_s。

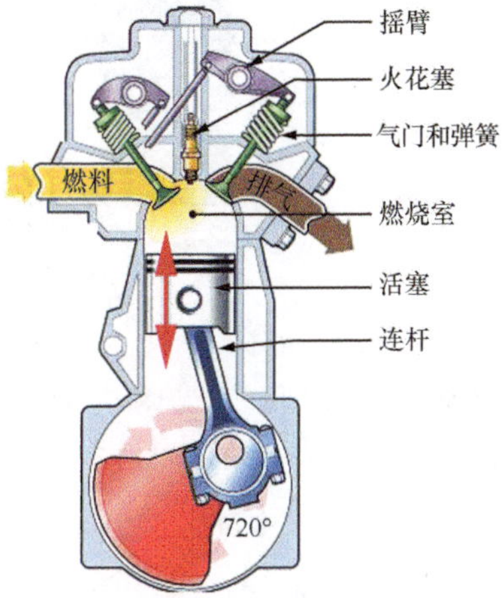

图 2-12　6 缸发动机构造图

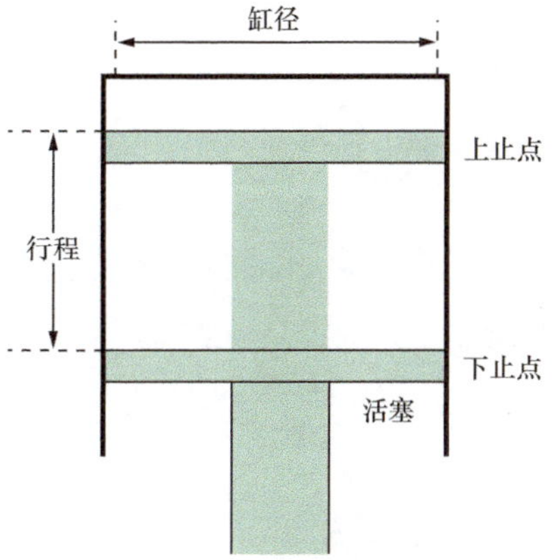

图 2-13　气缸工作示意图

① 进气行程——进气门打开、排气门关闭，活塞从上止点向下止点运动，气缸容积（V）增大，气缸内压力变小，新鲜空气被吸入气缸内，如图 2-14（a）所示。

② 压缩行程——进气门关闭、排气门关闭，活塞从下止点向上止点运动，气缸工作容积（V_h）变小，气体被压缩，气缸内气体压力、温度上升，压缩终了，燃油喷入气缸，与高温、高压气体混合形成可燃混合气得到正常的空燃比（1：14.7），如图 2-14（b）所示。

③ 做功行程——进气门关闭、排气门关闭，火花塞点燃可燃混合气，可燃混合气膨胀推动活塞从上止点向下止点运动，气缸容积增大（总容积 V_a），通过连杆运动带动曲轴旋转运动完成输出动力，如图 2-14（c）所示。

④ 排气行程——进气门关闭、排气门打开、活塞从下止点向上止点运动，气缸容积变小，燃烧后的废气通过排气管被排出，进入大气，如图 2-14（d）所示。

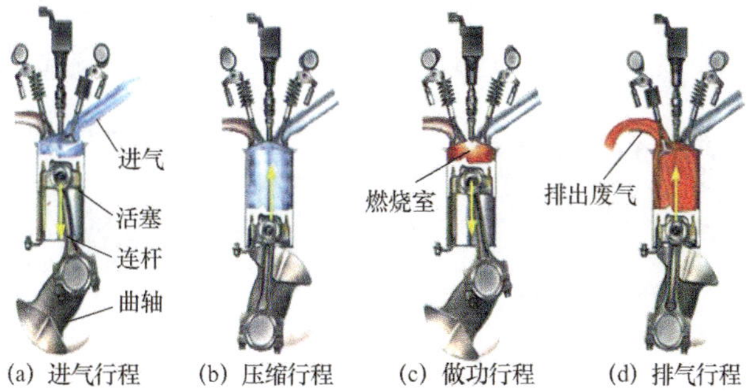

(a) 进气行程　　(b) 压缩行程　　(c) 做功行程　　(d) 排气行程

图 2-14　发动机工作原理示意图

二、汽油在气缸里是怎样爆燃的？

1680年，荷兰科学家霍因斯运用大炮原理曾经做了这样一个实验：将炮弹改成"活塞"，把炮筒作"气缸"，在气缸内注入火药，点燃火药产生爆燃，推动活塞移动产生动力。根据这一原理奥托发明了发动机，将汽油和空气根据正常空燃比混合进行压缩并点燃得到动力，如图2-15所示。

图2-15　汽油在气缸内燃烧示意图

三、四冲程柴油发动机是怎样工作的呢？

四冲程柴油发动机（压燃式发动机）的每个工作循环也经历进气、压缩、做功、排气4个行程，如图2-16所示。由于柴油机的压缩比高（一般为16～22），所以压缩终了时气缸内的空气温度可达600℃～700℃，大大超过柴油的自燃温度。因此，柴油喷入气缸后，在很短时间内与空气混合便立即自行发火燃烧，气缸内气压急剧上升到6～9MPa，温度也升高到1800℃～2800℃。在高压气体推动下，活塞向下运动并带动曲轴旋转而做功。废气同样经排气管排入大气中。

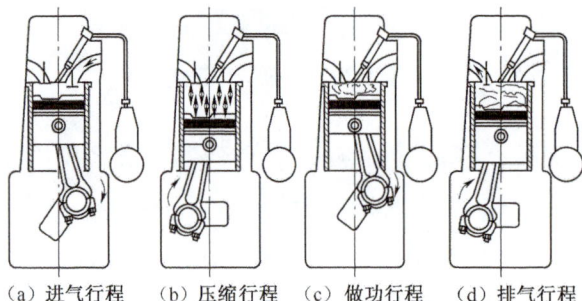

（a）进气行程　（b）压缩行程　（c）做功行程　（d）排气行程

图2-16　四冲程柴油机工作原理图

四、柴油发动机和汽油发动机有什么区别？

柴油发动机和汽油发动机是汽车上常用的两种不同的动力装置，柴油发动机也称"压燃式内燃机"，它是以柴油为燃料的内燃机，如图2-17所示。进入柴油发动机气缸内的空气，被气缸压缩后温度上升，直至超过柴油的燃点，压缩冲程终了。高压油泵将柴油通过喷油器喷成雾状射入气缸，柴油与被压缩后的高温空气相遇，即自燃。燃烧所产生的高温高压燃气，在气缸内膨胀，推动活塞做功。因此，柴油发动机没有点火线圈，不需要火花塞。汽油发动机气缸的压力比柴油发动机的要小很多，只有6～8kPa，而柴油机气缸压力高达18～26kPa。由此可见，柴油发动机与汽油发动机主要的区别是：所用燃料不同；喷油方式不同；点火方式不同；压缩比不同。

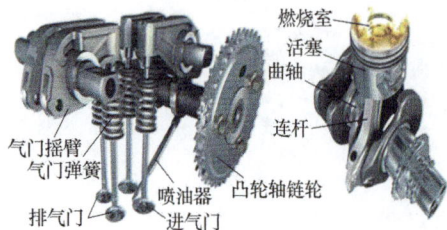

燃烧室
活塞
曲轴
连杆
气门摇臂
气门弹簧
凸轮轴链轮
喷油器
进气门
排气门

图2-17　柴油发动机构造原理图

思考题

1. 汽车发动机通常是由哪些机构与系统组成的？它们各有什么功用？

2. 柴油发动机与汽油发动机在可燃混合气形成方式与着火方式上有何不同？它们所用的压缩比为什么不一样。

3. 四冲程汽油发动机和柴油发动机在总体构造上有哪些异同？

课题二　发动机曲柄连杆机构
Crank connecting rod mechanism

曲柄连杆机构的功用：是把燃气作用在活塞顶上的力转变为曲轴的转矩，以向工作机械输出机械能，如图 2-18 所示。曲柄连杆机构的主要零件可以分成 3 组：机体组、活塞连杆组以及曲轴飞轮组，如图 2-19 所示。

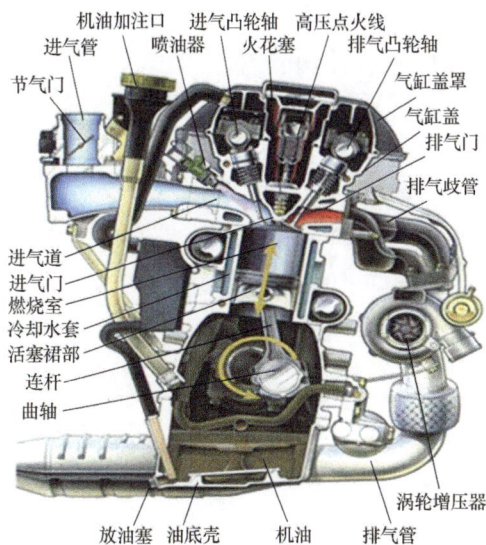

图 2-18　发动机内部运动示意图

图 2-19　发动机曲柄连杆机构构造

📖 任务一　了解曲柄连杆机构的工作特性

一、曲柄连杆机构的曲轴是怎样完成旋转运动的？

曲轴是发动机曲柄连杆机构的一个部件。我们在骑自行车的时候，会感觉到两小腿是在做上下往复运动，就好比连杆一样，小腿上下运动的动力来源于大腿给的力，大腿给的力压住膝盖，膝盖就好比活塞，膝盖传力给小腿，迫使小腿做上下往复运动，小腿连接自行车的脚踏板，脚踏板曲拐就好比是发动机的曲轴，来带动驱动轮做旋转运动。这样就得到了动力使自行车能够在陆地行走，如图 2-20 所示。

发动机的曲轴就是通过活塞在缸体里的往复运动（转子发动机除外），通过连杆来带动曲轴做旋转运动完成发动机的动力输出，如图 2-21 所示。

图 2-20　由直线运动转变为旋转运动示意图

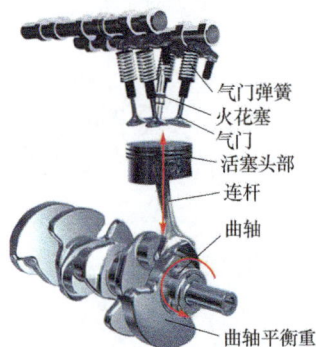

气门弹簧
火花塞
气门
活塞头部
连杆
曲轴
曲轴平衡重

图 2-21　直线运动转变为旋转运动构造图

二、活塞连杆组的活塞、活塞销和连杆各有什么作用？

活塞和连杆通过活塞销连接成为活塞连杆组，如图 2-22 所示。

（1）活塞分为活塞顶部、活塞头部、活塞裙部，如图 2-23 所示。活塞顶部是承受气缸内可燃混合气燃烧膨胀压力和传递热量的部件。活塞顶部的设计和燃烧室有关，一般有半球型、楔型、平顶型、凸顶型等。为了使气缸燃烧室的密封性和导热性好，在活塞头部装有气环和油环。气环的断面形状有多种，矩形断面是常用的。为了消除或减少有害的泵油作用，除在气环的下面装有油环外，广泛采用非矩形断面的扭曲环。总之，在高温、高压、高速以及润滑困难的条件下工作的活塞环，是发动机所有零件中工作寿命最短的。当活塞环磨损到失效时，将出现发动机起动困难，功率不足，曲轴箱压力升高，机油消耗增大，冒蓝烟，燃烧室、活塞等表面严重积炭等不良状况。

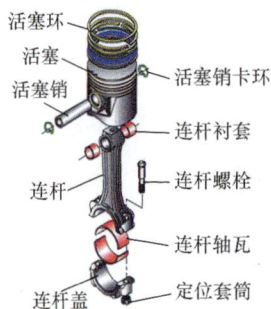

活塞环
活塞
活塞销
连杆衬套
连杆
连杆螺栓
连杆轴瓦
连杆盖
定位套筒
活塞销卡环

图 2-22　被拆解的活塞连杆组件

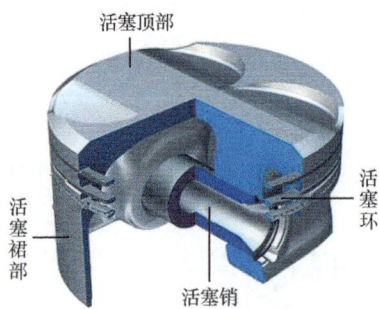

活塞顶部
活塞裙部
活塞销
活塞环

图 2-23　活塞连杆组结构

（2）活塞销的功用是连接活塞和连杆小头，将活塞承受的气体作用压力传给连杆。

活塞销在高温下承受很大的周期性冲击载荷，润滑条件很差（一般靠飞溅润滑），因而要求有足够的刚度和强度，表面耐磨，质量尽可能小。为此，活塞销通常做成空心圆柱体。活塞销与活塞销座孔和连杆小头衬套孔的连接配合，一般多采用"全浮式"，很少采用"半浮式"。为了保证高温工作时有正常的工作间隙（0.01～0.02mm），在冷态装配时活塞销与活塞销座孔为过渡配合。装配时，应先将铝活塞放在温度为70℃～90℃的水或油中加热，然后将销装入。为了防止销的轴向窜动刮伤气缸壁，在活塞销两端用卡环嵌在销座孔凹槽中加以轴向定位。

（3）连杆的功用是将活塞承受的力传给曲轴，从而使得活塞的往复运动转变为曲轴的旋转运动。

连杆承受活塞销传来的气体作用力及其本身摆动和活塞组往复运动时的惯性力，这些力的大小和方向都是周期性变化的。因此，连杆受到的是压缩、拉伸和弯曲等交变载荷，这就要求连杆在质量尽可能小的情况下，有足够的刚度和强度。

案例

一台华晨宝马 X1 型汽车（见图 2-24）在行驶中气缸内发出金属敲击声，发动机有抖动。到 4S 店检测，没有爆燃现象，发动机动力输出正常，没有冒蓝烟。通过试车发现：金属敲击声不清脆，时有时无，中高速时尤为明显。

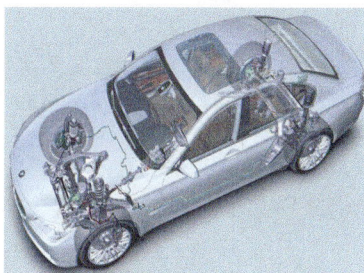

图 2-24　华晨宝马 X1 型汽车

案例解析

①造成金属敲击声的原因有爆燃、活塞环断裂、活塞销磨损过大、连杆小头衬套磨损等。

②造成发动机抖动的原因有怠速不稳、做功不良。

通过检测，发动机没有爆燃现象，发动机动力输出正常，排气管没有蓝烟排出，由此可见和怠速、做功、活塞环断裂、气缸磨损没有关系。

结论

低速金属敲击声不明显，高速金属敲击声明显，说明是因为活塞销和连杆衬套的磨损间隙过大造成的金属敲击声。

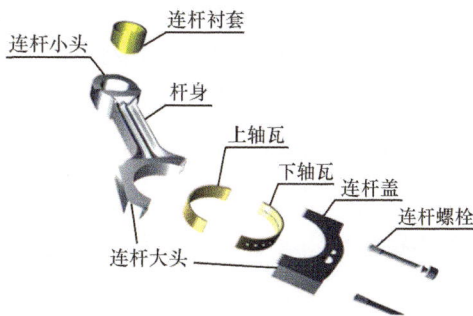

三、连杆的结构是什么？

连杆（见图 2-25）由连杆小头、杆身和连杆大头 3 部分组成。

图 2-25　连杆分解示意图 1

（1）连杆小头与活塞销相连。工作时，连杆小头与销之间有相对转动，因此小头孔中一般压入减磨的青铜衬套。为了润滑活塞销与衬套，在小头和衬套上钻出集油孔或铣出集油槽，用来收集发动机运转时被激溅上来的机油，以便润滑。有的发动机连杆小头采用压力润滑，在连杆杆身内钻有纵向的压力油通道。

连杆大头与曲轴的曲柄销相连，一般做成剖分式的，被分开的部分称为连杆盖。连杆盖与连杆大头是组合镗孔的，为了防止装配时配对错误，在同一侧刻有配对记号。大头孔表面有很小的表面粗糙度值，以便与连杆轴瓦紧密贴合。连杆大头上还铣有连杆轴瓦的定位凹坑。有的连杆大头连同轴瓦还钻有 1 ～ 1.5mm 小油孔，从中喷出机油以加强配气凸轮与气缸壁的激溅润滑。

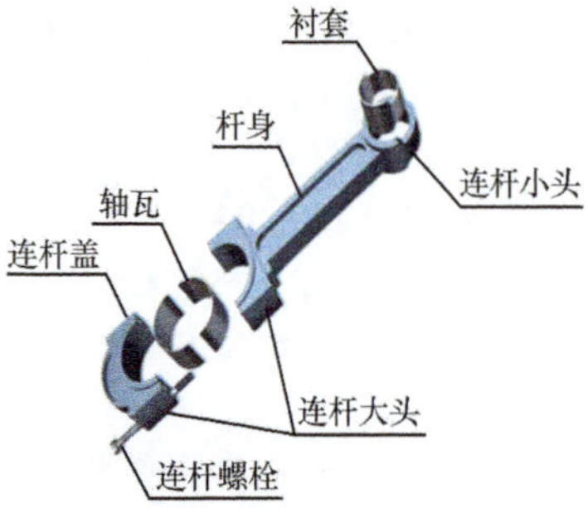

图 2-26　连杆分解示意图 2

（2）连杆大头按剖分面的方向可分为平切口（见图 2-26）和斜切口（见图 2-25）两种。平切口连杆的剖分面垂直于连杆轴线。一般汽油机连杆大头尺寸都小于气缸直径，可以采用平切口。柴油机的连杆，由于受力较大，其大头的尺寸往往超过气缸直径。为使连杆大头能通过气缸，便于拆卸，一般采用斜切口连杆。斜切口连杆的大头剖分面与连杆轴线成 30°～ 60°夹角。

（3）连杆螺栓是一个承受交变载荷的重要零件，一般采用韧性较高的优质合金钢或优质碳素钢锻制或冷镦成形。连杆大头在安装时必须紧固可靠。连杆螺栓必须以工厂规定的拧紧力矩、分 2 ～ 3 次均匀地拧紧，还必须用防松胶或其他锁紧装置紧固，以防止工作时自动松动。

平切口的连杆盖与连杆的定位，是利用连杆螺栓上的精加工的圆柱凸台或光圆柱部分与经过精加工的螺栓孔来保证的。

斜切口连杆在工作中受到惯性力的拉伸，在切口方向有一个较大的横向分力。因此在斜切口连杆上必须采用可靠的定位措施。斜切口连杆常用的定位方法如下所述。

① 止口定位的优点是工艺简单；缺点是定位不可靠，对连杆盖止口向外变形或连杆大头止口向内变形均无法避免。

② 套筒定位是在连杆盖的每一个螺栓孔中压配一个刚度大、抗剪切强度高的矩套筒。

③ 锯齿定位的优点是锯齿接触面大，贴合紧密，定位可靠，结构紧凑；缺点是对齿距公差要求严格，否则连杆盖装在连杆大头上时，中间会有个别齿脱空，不仅影响连杆组件的刚度，并且连杆大头孔也会失圆。如果能采用拉削工艺，保证齿距公差，则这种定位方式还是较好的。

V 型发动机左右两侧对应两气缸的连杆是共同连接在一个曲柄销上的，它有 3 种形式：且例连杆式、主副连杆式、叉形连杆式。

四、连杆刚度未能达到要求会有什么影响？

若连杆刚度不够，则可能产生的后果是：其大头孔失圆，导致连杆大头轴瓦因油膜破坏而烧损；连杆杆身弯曲，造成活塞与气缸偏磨、活塞环漏气和窜油等。

五、连杆杆身通常做成"工"字形目的是什么呢？

以求在获得足够的强度和刚度前提下减轻连杆的质量，将连杆杆身做成"工"字形。

任务二　了解曲轴飞轮组部件的构造及工作特性

一、曲轴飞轮组的组成和作用是什么？

曲轴飞轮组主要由曲轴和飞轮以及其他不同功用的零件和附件组成，如图 2-27 所示。其零件和附件的种类和数量取决于发动机的结构和性能要求。

曲轴的功用是承受连杆传来的力，并转化成绕其本身轴线的力矩。在发动机工作中，曲轴受到旋转质量的离心力、周期性变化的气体压力和往复惯性力的共同作用，使曲轴承受弯曲与扭转载荷。为了保证工作可靠，要求曲轴具有足够的刚度和强度，各工作表面要耐磨而且润滑良好。

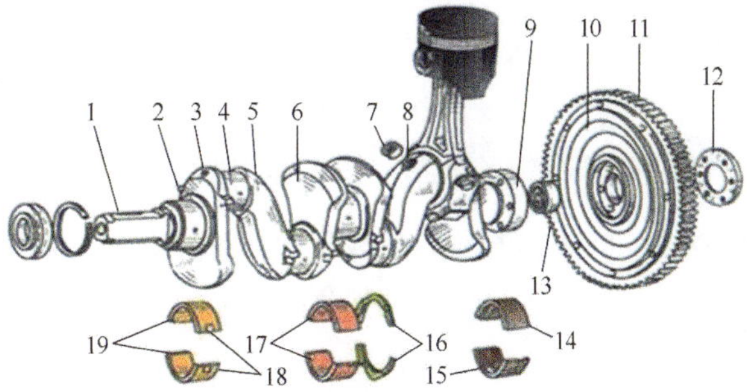

图 2-27　发动机曲轴飞轮组结构

1—曲轴前端；2—前主轴颈；3—油道孔；4—连杆轴颈（曲柄销）；5—曲柄；
6—平衡重；7—油塞；8—油道孔；9—曲轴法兰；10—飞轮；11—飞轮齿圈；
12—飞轮螺栓锁紧板；13—变速器第一轴轴承；14—后主轴承轴瓦；15—油槽；
16—曲轴止推环；17—中间主轴承轴瓦；18—轴瓦定位键；19—前主轴承轴瓦

二、曲轴是怎样进行分类的？

曲轴的曲拐数取决于气缸的数目和排列方式，直列式发动机曲轴的曲拐数等于气缸数；V 型发动机曲轴的曲拐数等于气缸数的一半。

按照曲轴的主轴颈数，可以把曲轴分为全支承曲轴和非全支承曲轴两种，如图 2-28 所示。在相邻的两个曲拐之间，都设置一个主轴颈的曲轴，称为全支承曲轴；否则称为非全支承曲轴。因此，直列发动机的全支承曲轴，其主轴颈的总数（包括曲轴前端和后端的主曲轴）比气缸数多一个；V 型发动机的全支承曲轴，其主轴颈总数比气缸数的一半多一个。

曲拐

全支承式

曲拐

非全支承式

图 2-28　曲轴的分类

全支承曲轴的优点是可以提高曲轴的刚度和弯曲强度，并且可减轻主轴承的载荷。其缺点是曲轴的加工表面增多，主轴承增多，使机体加长。这两种形式的曲轴均可用于汽油机，但柴油机载荷较大，多采用全支承曲轴。多缸发动机的曲轴一般做成整体式的。采用滚动轴承作为曲轴主轴承的发动机，必须采用组合式曲轴，即将曲轴的各部分分段加工，然后再组合成整个曲轴。

三、为什么把曲轴看成中心轴呢？

活塞承受的热膨胀力通过活塞销、连杆传递给曲轴，由原来活塞的上下往复运动带动曲轴做旋转运动，使曲轴每分钟旋转几百至数千转，曲轴的旋转会带动水泵、发电机、机油泵、分电器（传统发动机）、凸轮轴等的运动。同时还将动力输送给传动系统，完成汽车的驱动。由此可见曲轴起到了承上启下的力量传递的作用。它处在发动机三体曲轴箱的中间位置，由曲轴箱支撑，如图 2-29 所示。

四、曲轴一般使用哪些材料？

曲轴要求用强度、冲击韧度和耐磨性都比较好的材料制造，一般采用中碳钢或中碳合金钢模锻。为了提高曲轴的耐磨性，其主曲颈和曲柄销表面上均需高频淬火或渗氮，再经过精磨，以达到高的精度和较小的表面粗糙度值，如图 2-30 所示。在一些强化程度不高的发动机上，还采用高强度的稀土球墨铸铁铸造曲轴。

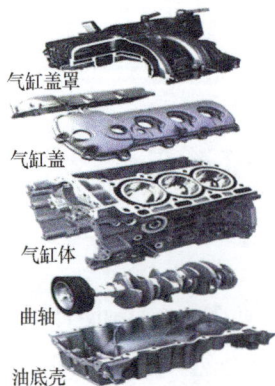

气缸盖罩

气缸盖

气缸体

曲轴

油底壳

图 2-29　发动机主要构造分解图

图 2-30　曲轴精磨操作

五、曲柄销一般制成什么形状？

大部分的曲柄销都会被做成空心的，目的在于减少质量和离心力。从主轴承经曲柄孔道输来的机油就储存在空心的部分，曲柄销与轴瓦上钻有径向孔与此油腔相通，如图 2-31 所示。有的结构中，在此小孔内插入一个吸油管，管口位于油腔的中心。

六、曲轴上为何要有平衡重？

平衡重（见图 2-32）用来平衡发动机不平衡的离心力和离心力矩，有时还用来平衡一部分往复惯性力。对于 4 缸、6 缸等多缸发动机，由于曲柄对称布置，往复惯性力和离心力及其产生的力矩，从整体上看都能相互平衡，但曲轴的局部却受到弯曲作用。为了减轻主轴承负荷，改善其工作条件，一般都在曲柄的相反方向设置平衡重（或块）。

图 2-31 曲柄销结构

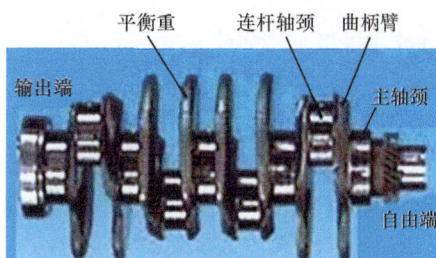

图 2-32 曲柄结构

七、用什么方式防止发动机曲轴处漏油？

曲轴前端装有驱动配气凸轮轴的定时齿轮、驱动风扇（传统发动机）和水泵的带轮以及止推片等，如图 2-33 所示。为了防止机油沿曲轴轴颈外漏，在曲轴前端上有一个甩油盘，随着曲轴旋转。当被齿轮挤出和甩出的机油落到盘上时，由于离心力的作用，被甩到齿轮室盖的壁面上，再沿壁面流下来，回到油底壳中。

图 2-33 曲轴安装油封位置

曲轴后端有安装飞轮用的凸缘。为防止机油从曲轴后端漏出，通常在曲轴后端车出回油螺纹或安装其他封油装置，使机油流回到油底壳。

八、曲轴为什么只能在一处设置轴向定位装置？

发动机工作时，曲轴经常受到离合器施加于飞轮的轴向力作用而有轴向窜动的趋势。曲轴窜动将破坏曲柄连杆机构各零件正确的相对位置，故必须用止推轴承（一般是滑动轴承）加以限制。而在曲轴受热膨胀时，又应允许它能自由伸长，所以曲轴上只能有一处设置轴向定位装置。

九、曲轴也需要减振吗？

曲轴是一种扭转弹性系统，本身具有一定的自振频率。在发动机工作过程中，经连杆传给曲柄销的作用力的大小和方向都是周期性变化的，这种周期性变化的激力作用在曲轴上，引起曲拐回转的瞬时角速度也呈周期性变化。

由于固装在曲轴上的飞轮转速动惯量大，其瞬时角速度基本上可看成是均匀的。这样，曲拐便会忽而比飞轮转得快，忽而又比飞轮转得慢，形成相对于飞轮的扭转摆动，也就是曲轴的扭转振动，当激力频率与曲轴自振频率成整数倍时，曲轴扭转振动便因共振而加剧。这将使发动机功率受到损失，正时齿轮或链条带磨损增加。严重时甚至将曲轴扭断。为了消减曲轴的扭转振动，发动机在曲轴前端装有扭转减振器，如图 2-34 所示。

图 2-34　曲轴扭转减振器

十、飞轮有哪些功用？在制造飞轮时应注意什么？

飞轮储存动能的原理很像我们小时候玩的陀螺，用力一转后，他还会保持相当长时间的转动。飞轮是一个转动惯量很大的圆盘，其主要功用是将在做功行程中传输给曲轴的功的一部分储存起来，如图 2-35 所示。用以在其他行程中克服阻力，带动曲柄连杆机构越过上、下止点，保证曲轴的旋转角速度和输出转矩尽可能均匀，并使发动机有可能克服短时间的超载荷，如图 2-36 所示；此外，在结构上飞轮又往往用作汽车传动系中摩擦离合器的驱动件。

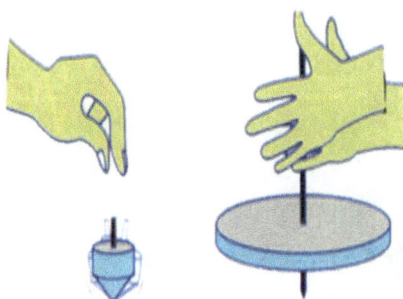

制造时为了保证有足够的转动惯量，并尽可能减小飞轮的质量，应使飞轮的大部分质量都集中在轮缘上，因而轮缘通常做得宽而厚。

多缸发动机的飞轮应与曲轴一起进行平衡，否则在旋转时因质量不平衡而产生的离心力，将引起发动机振动并加速主轴承的磨损，如图 2-37 所示。为了在拆装时不破坏它们的平衡状态，飞轮与曲轴之间应有严格的相对位置，用定位销或不对称布置螺栓予以保证。

图 2-35　飞轮储存动能原理示意图

图 2-36 飞轮所在位置示意图 1

图 2-37 飞轮所在位置示意图 2

思考题

1. 曲柄连杆机构的组成和功用是什么？

2. 曲轴为什么要轴向定位？怎样定位？为什么曲轴只能有一处定位？

3. 曲轴上的平衡重起什么作用？为什么有的曲轴上没有平衡重？

4. 曲轴扭转减振器起什么作用？

课题三 发动机配气机构
Distribution agency

发动机的配气机构是根据发动机发火顺序和各缸工作循环的要求，定时开启和关闭进、排气门，使新鲜气体及时进入气缸，废气及时排出气缸。

任务一 了解配气机构的组成及工作特性

一、气缸内可燃混合气是怎么点燃的？

我们日常看到的闪电就像电源正极与负极发生碰撞放电产生的电火花，火花塞就是利用这个原理制造而成，如图 2-38 所示。火花塞分为几个部分：头部、绝缘体、底部。底部包括电极和旁电极两个部分，电极为正极，旁电极为负极，它们之间有一定的间隙，间隙不超过 1mm，可调整，如图 2-39 所示。

气缸内的可燃混合气就是通过火花塞产生的电火花点燃的。火花塞本身不产生高压电，是由汽车电源（12V 或 24V）提供的低压电通过点火器产生高压电（可达几万伏）传给火花塞得到强大的电火花点燃可燃混合气，如图 2-40 所示。

二、发动机气缸进气门与排气门有什么区别呢？

发动机按每个气缸的气门数分类，有二气门发动机、四气门发动机、五气门发动机（三进两排）等。气门有进气门和排气门两种，如图 2-41 所示。气门都是通过配气机构凸轮轴上的凸轮来顶开的，关闭是通过气门本身的气门弹簧收缩来完成。

气缸的进气是靠活塞在气缸内移动产生吸力来完成的，因此进气比较困难。排气是通过活塞在气缸内移动产生压力挤压排放，如图 2-42 所示。

图 2-38　火花塞电极构造

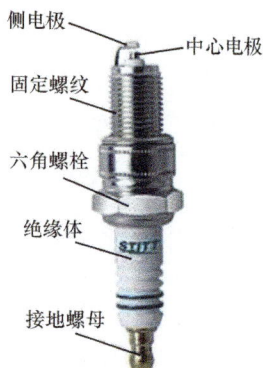

图 2-39　火花塞结构

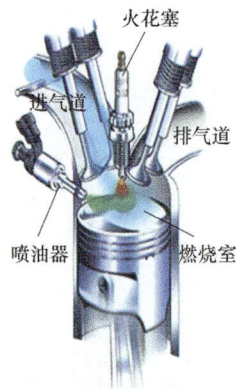

图 2-40　火花塞在发动机的位置

图 2-41　进、排气门

图 2-42　气缸内部构造

为了保证发动机的进气充分，在制造上进气门比排气门要大，有的发动机还会多设计一个进气门，就有了 3 气门（2 进 1 排）和 5 气门（3 进 2 排）发动机。

三、配气机构是由哪些部件组成的呢？

配气机构由凸轮轴、气门组、气门传动组等零部件组成，如图 2-43 所示。配气机构可以从不同角度分类。按气门的布置形式分类，主要有气门顶置式和气门侧置式；按凸轮轴的布置位置分类，可分为凸轮轴下置式、凸轮轴中置式和凸轮轴上置式；按曲轴和凸轮轴的传动方式分类，可分为齿轮传动式、链传动式（见图 2-44）和带传动式。

图 2-43　气门构造及其辅助零件

图 2-44　链传动式示意图

📖 任务二　了解配气机构凸轮轴的作用及布置特点

一、凸轮轴有什么作用？

凸轮轴是控制进气门和排气门开启和关闭的装置。如图 2-45 所示，顶置双凸轮轴 DOHC，分别负责进气门和排气门的动作；如图 2-46 所示，OHV 发动机凸轮轴的位置，并没有在气缸顶端，而是在气缸侧面，然后通过顶杆来操纵摇臂和气门。通过控制凸轮轴的运转还可自动调整气门的升程和正时（配气相位：进、排气门的实际开闭时刻）。

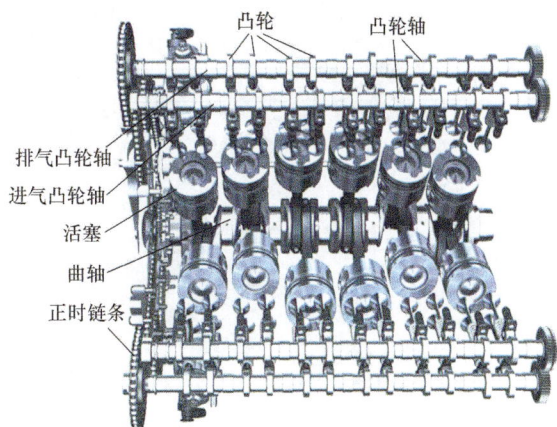

图 2-45　双顶置凸轮轴构造

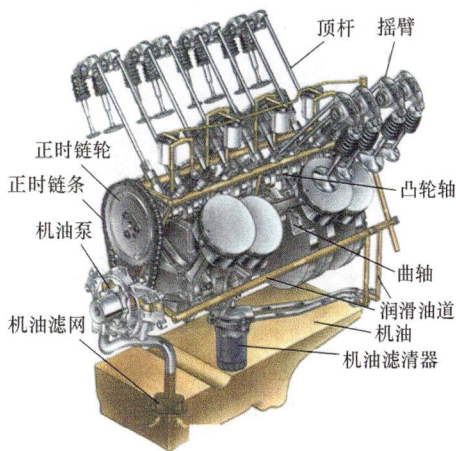

图 2-46　顶置气门侧置凸轮轴构造

二、配气是通过什么方式进行正时的呢？

发动机曲轴旋转两周（720°）凸轮轴旋转一周（360°），在凸轮轴上装配一个正时齿轮，正时齿轮（或带、链）齿数是曲轴齿轮（或带、链）齿数两倍。这样曲轴旋转两周完成一个工作循环，而进、排气门各开启一次完成一次进气和排气。再根据发动机的结构形式和转速来确定配气相位，如图2-47所示。气门的实际开启时刻：进气门早开，排气门晚闭，以确保发动机的有效功率输出。

三、什么是 OHV 发动机？

配气机构的气门顶置、凸轮轴侧置（见图2-46），气门和凸轮轴以这种形式布置的发动机称为 OHV（Over Head Valve）发动机。

四、OHC、SOHC、DOHC 发动机有什么区别？

OHC 发动机是顶置凸轮轴式发动机，凸轮轴位于气缸的顶部。

SOHC 发动机是单顶置凸轮轴式发动机，顶部只有一根凸轮轴同时负责进、排气门的开关，如图2-48所示。

DOHC 发动机是双顶置凸轮轴式发动机，顶部有两根凸轮轴分别负责各边气门的开关，如图2-49所示。

图 2-47　正时机构

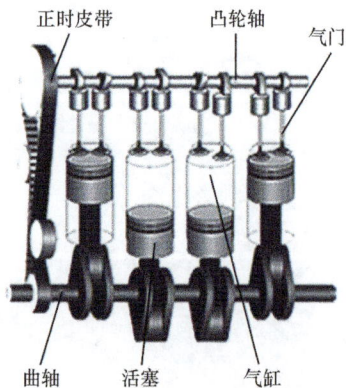

图 2-48　单顶置凸轮轴 SOHC 发动机构造

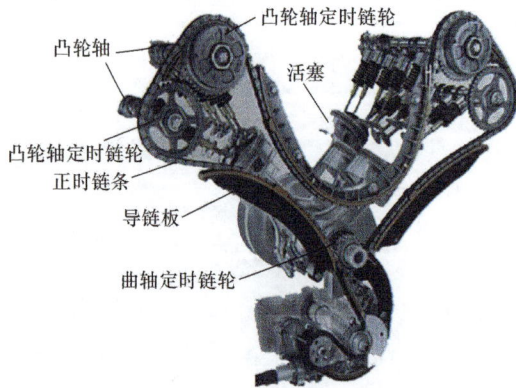

图 2-49　双顶置凸轮轴 DOHC 发动机正时机构

从以上可以看出他们的区别在于凸轮轴的数量和设置的位置不同。

五、气门有可变的吗?

传统发动机的气门升程是固定的。现代发动机为了体现动力性能、经济性能和排放性能,将气门的升程变成了可以改变的,如图 2-50 所示。当发动机转速不高的时候,进气门的开启时间就比高速时要晚一点,以此来控制进气量;当发动机转速增高时需要更多的空气进入气缸,来满足发动机的大功率输出,所以进气门就要提前打开,升程增大才能进气充分。现代发动机大部分都是设计了可变气门。

图 2-50　宝马发动机可变气门工程原理示意图

案例一

宝马汽车配气机构工作的时候可以实现对气门的无级调节,怎样来进行无级调节呢?

案例解析

如图 2-51 所示的宝马单顶置凸轮轴式发动机的工作原理图可以看出,该机构是由一根凸轮轴来完成进、排气门的开关,偏心轴上连接了一个齿轮,齿轮啮合伺服电动机来控制偏心轴,它们之间实现了由转速到角度的转换,从而可以使偏心轴更精确地转动,再由它控制一个异形中间臂。

结论

当驾驶员踩加速踏板时,伺服电动机便会根据收集的信号做适当的运转,然后驱动偏心轴、异形中间臂、可变正时凸轮轴和气门摇臂,对进气门的正时和升程进行无级调节。

案例二

奥迪车发动机用两级凸轮来进行控制气门的运动特性的调节,奥迪 V6 使用的 AVS(气门升程可变系统)

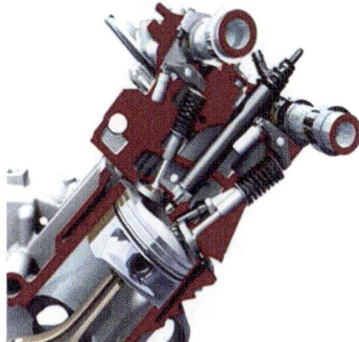

图 2-51　宝马顶置凸轮轴式发动机的工作原理图

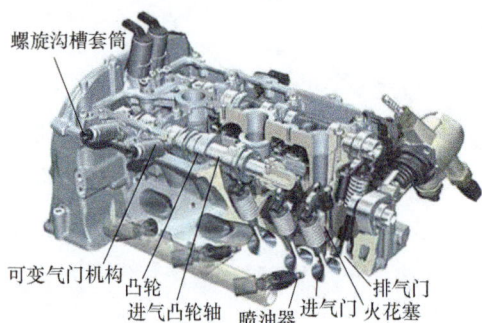

螺旋沟槽套筒

可变气门机构
凸轮
进气凸轮轴　喷油器　进气门　火花塞　排气门

图 2-52　奥迪发动机可变气门构造

是怎样进行工作的？

案例解析

　　AVS 的核心部件有负责控制进气门的凸轮轴上装配的两组不同角度的凸轮，负责改变气门升程的螺旋沟槽套筒，如图 2-52 所示。螺旋沟槽套筒由电磁驱动器加以控制，以切换使用两组不同凸轮，改变进气门的升程。

结论

　　在发动机高负荷运转的情况下，AVS 系统将凸轮向右推动 7mm，使角度较大的凸轮得以推动气门顶杆，如图 2-53（a）所示。在此情况下，气门升程可达到 11mm，以提供燃烧室最佳的进气量，提高其燃烧速度，实现更加强劲的动力输出，最大限度体现动力性能和经济性能。

　　在发动机低负荷运转的情况下，为了提高其经济性，此时气门升程可在 2～5.7mm 进行自动调整。向左移动凸轮轴，使延向气门的凸轮形状变小，从而使气门的升程变短。当发动机转速较慢时，气门升程较小，进气量也较少。由于采用不对称的进气门升程设计，空气以螺旋方式进入燃烧室，再搭配特殊外廓的燃烧室和活塞头设计，可让气缸内的汽油混合状态进一步优化，提高混合气的燃烧率，降低排放量，如图 2-53（b）所示。

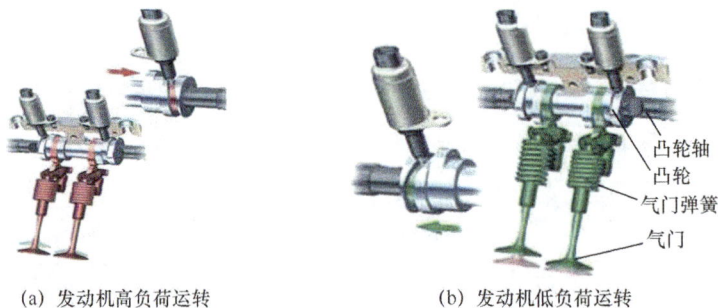

凸轮轴
凸轮
气门弹簧
气门

（a）发动机高负荷运转　　　　　　　　　（b）发动机低负荷运转

图 2-53　奥迪发动机可变气门构造图

📖 任务三　了解配气机构部件的结构特点

一、节气门体是怎样的一种形式？

　　进气系统由空气滤清器、进气管道、节气门体等组成。空气滤清器主要是滤除空气中的杂质。进气管道是根据进气长度的不同来设计的，这样设计的进气道称为可变进气系统。节气门体（见图 2-54）是电控发动机控制空气（或混合气）进入气缸的一个装置，按进气方式分为非增压式（空气靠活塞抽吸、自然吸入）和增压式（装有增压器的，涡轮增压）两种发动机，如图 2-55 所示。节气门体根据喷油器装配位置的不同来对进入气缸的空气或者混合气进行控制，由驾驶员踩下加速踏板通过节气门位置传感器来控制喷油器喷油量和节气门开度大小，如图 2-56 所示。节气门体分电子式和机械式两种。

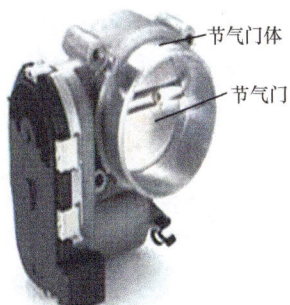

节气门体
节气门

图 2-54　节气门体构造图

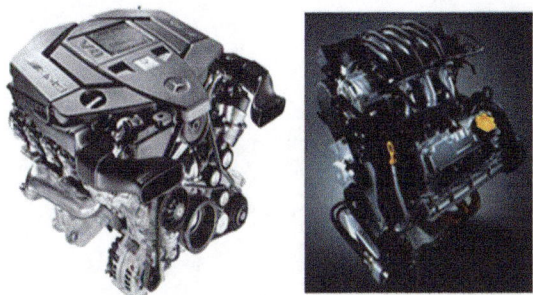

(a) 自然吸气（非增压）式发动机　(b) 超大升功率涡轮增压式发动机

图 2-55　非增压式与增压式发动机结构图

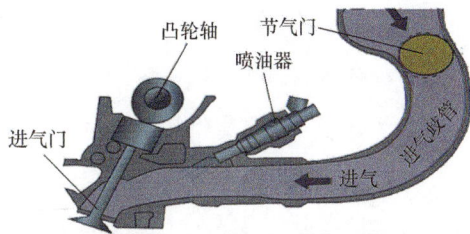

凸轮轴
节气门
喷油器
进气门
进气歧管
进气

图 2-56　节气门在发动机上的位置

二、进气管道为什么要设计成可变性？

发动机需转速高时，如果进气流速比较低，进入到气缸的空气量就会减少，满足不了发动机的高速运转及最大功率输出，如图 2-57 所示。如将进气管道的长度变短一些，便可提高进气速度，从而将进气流速控制在一个合理的范围内，因此进气管道设计成为可变性，如图 2-58 所示。

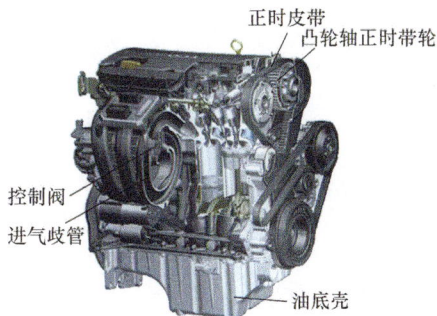

正时皮带
凸轮轴正时带轮
控制阀
进气歧管
油底壳

图 2-57　进气管长度可变的发动机

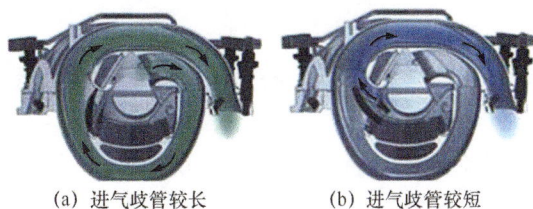

(a) 进气歧管较长　　(b) 进气歧管较短

图 2-58　可变进气歧管

汽车构造

主消声器
中间消声器
三元催化转化器

形状各异的排气歧管

氧传感器

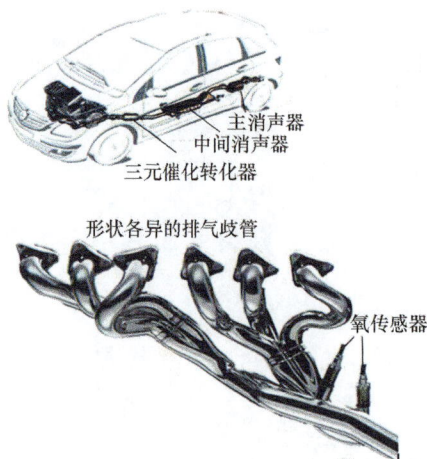

图 2-59 排气管的组成和结构

三、排气歧管的设计有何特点？

排气歧管的特点：各缸排气歧管相对独立，各缸排气歧管长度相对等长，排气管内表面光滑。排气系统的作用是将燃烧后的废气从气缸通过排气管排出到大气中，它包括排气歧管、排气总管、三元催化转换器、消声器、氧传感器（前氧、后氧）、二次空气泵等，如图 2-59 所示。

思考题

1. 配气机构的功用是什么？顶置式气门配气机构由哪些零件组成？

2. 为什么一般在发动机的配气机构中要保留气门间隙？气门间隙过大或过小有何危害？

3. 气门弹簧起什么作用？为什么在装配气门弹簧时要预先压缩？对于顶置式气门，如何防止弹簧断裂时气门落入气缸内？

4. 双凸轮轴驱动的多气门机构的优缺点是什么？

5. 节气门有几种形式各起什么作用？

6. 排气歧管为何设计为奇形怪状？

课题四 燃料供给系统
Fuel supply system

汽车燃料供给系统包括两个方面：燃油供给和空气供给。

根据汽车使用的燃油不同又分为汽油机燃料供给系统和柴油机燃料供给系统。

任务一 熟悉燃料供给系统中燃油的使用特性

汽车用燃油在什么情况下燃烧？

目前汽车使用的燃油有汽油和柴油两种。

（1）汽油发动机。汽油的使用特性指标，即蒸发性、热值和抗爆性，将对发动机起动、运行性能造成很大影响。要想使汽油在气缸内燃烧，必须经过雾化和气化的过程，形成可以燃烧的混合气，并被电火花点燃，如图 2-60 所示，这种按一定比例混合的汽油空气混合物，称为可燃混合气。理论上 1kg 汽油完全燃烧需要空气 14.7kg，故对于汽油机而言，空燃比为 14.7 的可燃混合气可称为理论混合气。若可燃混合气的空燃比小于 14.7，则意味着其中汽油含量有余（亦即空气含量不足），可称之为浓混合气，反之则亦然。应该注意的是：对于不同的燃料，其理论空燃比数值是不同的。

（2）柴油发动机。柴油机以柴油为燃料。由于柴油的蒸发性和流动性都比汽油差，因此柴油机不能像汽油机那样在气缸外部形成可燃混合气。柴油机的混合气只能在气缸内部形成，即在接近压缩行程终点时，通过喷油器（高压油泵）把柴油喷入气缸内，如图 2-61 所示。柴油油滴在炽热的空气中受热、蒸发、扩散，并与空气混合形成可燃混合气，最终自行发火燃烧。

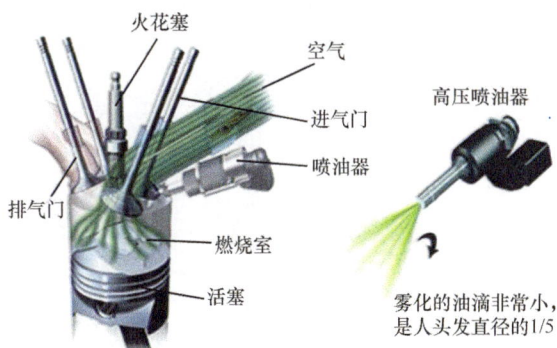

图 2-60　汽油机汽油喷射做功示意图

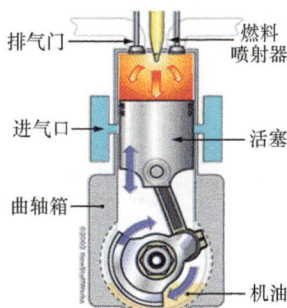

图 2-61　柴油机柴油喷射做功示意图

📖 任务二　了解汽油机燃料供给系统的作用及组成

一、汽油机燃料供给系统有什么作用？

汽油机燃料供给系统的功用是根据发动机各种不同工况的要求，配制出一定数量和浓度的混合气，向发动机气缸内供给不同质（即不同浓度）和不同量的可燃混合气，以便在临近压缩终了时点火燃烧而产生热量燃气膨胀做功，最后将气缸内废气排至大气中，如图 2-62 所示。

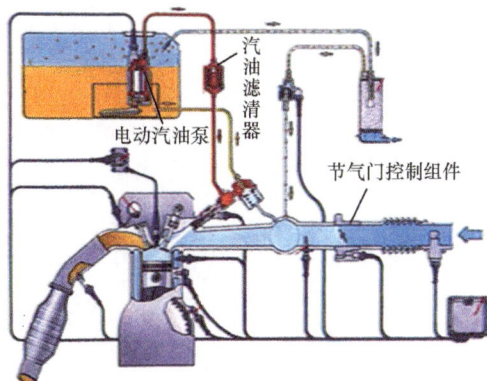

图 2-62　汽油机燃料供给系统

二、汽油机燃料供给系统由哪些部件组成？

目前汽油机的燃料供给系统（见图 2-63）有化油器式燃料供给系统（早期采用现已被淘汰），汽油喷射式燃料供给系统，液化石油气燃料供给系统以及其他混合燃料供给系统等。化油器式燃料供给系统是汽油机传统的供给系已经不再使用，而汽油喷射式燃料供给系统在汽油机上被广泛使用。现代车用汽油机燃料供给系统主要由以下几部分组成。

（1）燃油供给装置：其主要功用是完成燃料的储存、滤清和燃油泵加压输送工作。根据汽油发动机工况要求，通过燃油压力调节器的作用以一定压力和喷油质量，定时、定量地将燃料喷入燃烧室。它由汽油箱、电动燃油泵、汽油滤清器、输油管、燃油压力调节器、喷油器等组成。

（2）空气供给装置：其主要功用是根据发动机工况要求通过进气温度传感器、进气歧管压力传感器、空气流量计传感器和节气门开度大小的监测，适时、适量供给发动机清洁的空气。

对于电控燃油喷射发动机而言，空气供给装置分为 D 型和 L 型两种。L 型由空气滤清器、空气温度传感器、进气总管、空气流量计传感器、节气门体、进气歧管（或可变进气管）等组成。D 型由空气滤清器、进气总管、节气门体、进气歧管压力传感器、进气歧管（或可变进气管）等组成。

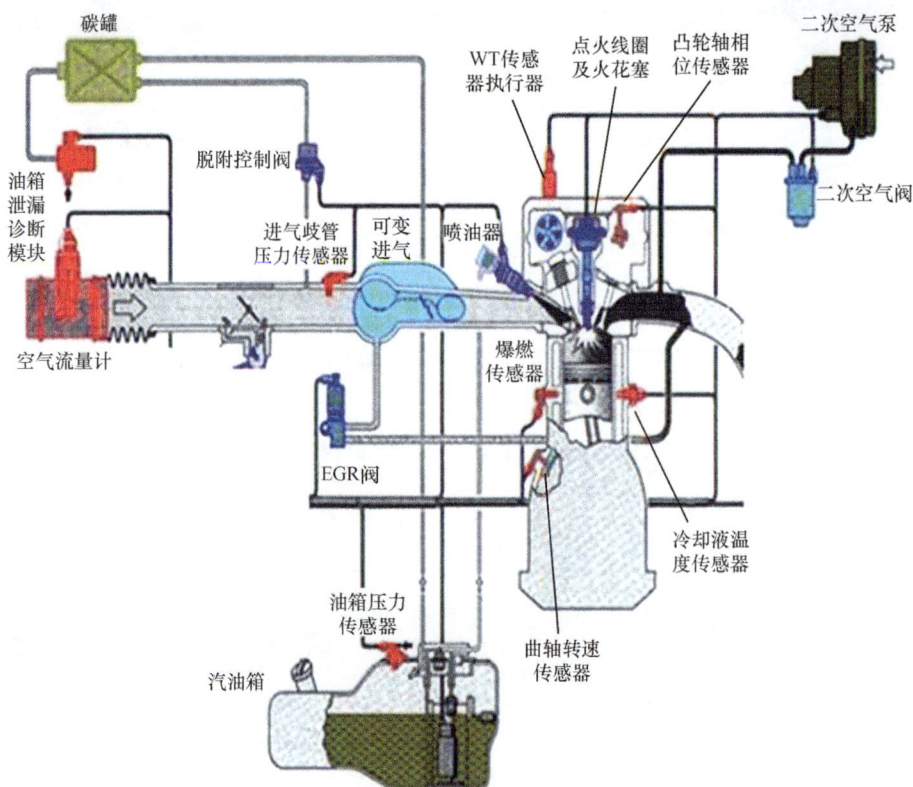

图 2-63　汽油机燃料供给系统结构示意图

三、汽油喷油器和柴油喷油器的作用有什么不同？

从两者的结构原理来看，其作用存在一定的区别。

（1）汽油喷油器。对于缸外喷射的汽油机而言，喷油器将汽油喷到发动机的进气管，被喷入进气管的汽油形成雾状，然后与空气混合，发动机在进气行程的时候，将汽油和空气的混合物吸入气缸进行燃烧，如图 2-64 所示。对于缸内喷射的汽油机而言，喷油器将汽油直接喷入气缸内部，被喷入的汽油形成雾状，与空气混合后，被火花塞点燃，形成高温高压燃气推动活塞做功。简单的说汽油机上的喷油器的作用是：将定量的燃油由液态变成雾状，然后与空气混合。

现代发动机喷油器的装配位置有不同形式，分缸外喷射和缸内直喷；数量也有不同，分单点喷射和多点喷射；喷射方式也有不同，分同时喷射、分组喷射和顺序喷射。

（2）柴油机喷油器。它的作用主要是根据柴油机混合气形成的特点，将燃油雾化成细微的油滴，并将其喷射到燃烧室待定的位置，如图 2-65 所示。

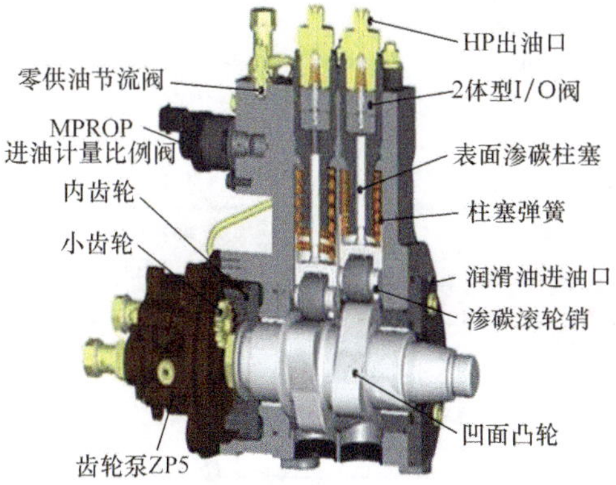

图 2-64 汽油喷油器结构原理图

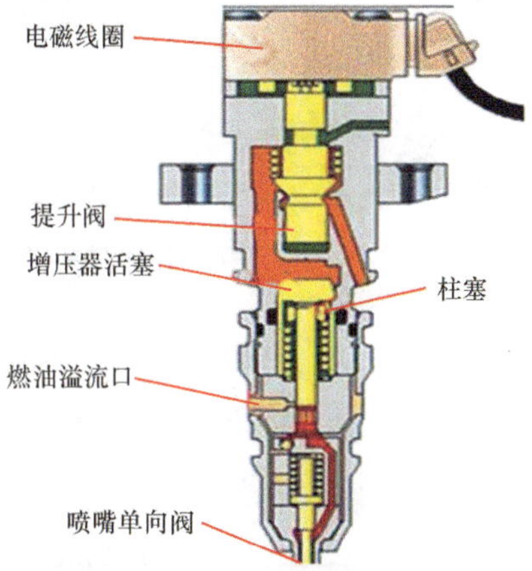

图 2-65 柴油机喷油器结构原理图

📖 任务三 了解柴油机燃料供给系统的作用及组成

一、柴油机燃料供给系统有什么作用？

柴油机燃料供给系统的作用是：① 在适当的时刻，将一定数量的洁净燃油增压后以适当的规律喷入燃烧室。各缸的喷油定时和喷油量相同且与柴油机运行工况相适应。喷油压力、喷注雾化质量及其在燃烧室内的分布与燃烧室类型相适应。② 在每一个工作循环内，各气缸均喷油一次，喷油次序与气缸工作顺序一致。③ 根据柴油机负荷的变化自动调节循环供油量，

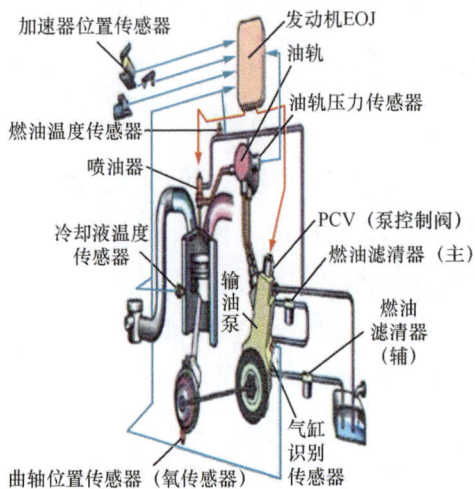

图 2-66　柴油机燃料供给系统

以保证柴油机稳定运转，尤其是稳定怠速，限制超速。④ 储存一定数量的燃油，保证汽车的最大续驶里程。柴油机燃料供给系统如图 2-66 所示。

二、柴油机燃料供给系统由哪几部分组成？

柴油机燃料供给系统主要由燃料供给装置、空气供给装置、混合气形成装置和废气排出装置 4 部分组成，如图 2-67 所示。

（1）燃料供给装置的主要功用是完成燃料的储存、滤清和输送工作，并以一定压力和喷油质量，定时、定量地将燃料喷入燃烧室。其包括喷油泵、喷油器和调速器（根据柴油机负荷的变化，自动增减喷油泵的供油量，使柴油机能够以稳定的转速运行）等主要部件及燃油箱、输油泵、油水分离器、燃油滤清器、喷油提前器、高压和低压油管等辅助装置。

（2）空气供给装置的主要功用是供给发动机清洁的空气。

（3）柴油机混合气形成装置就是燃烧室，使燃油与空气混合形成混合气。

（4）废气排出装置的主要功用是在发动机完成做功后排出气缸内的燃烧废气。

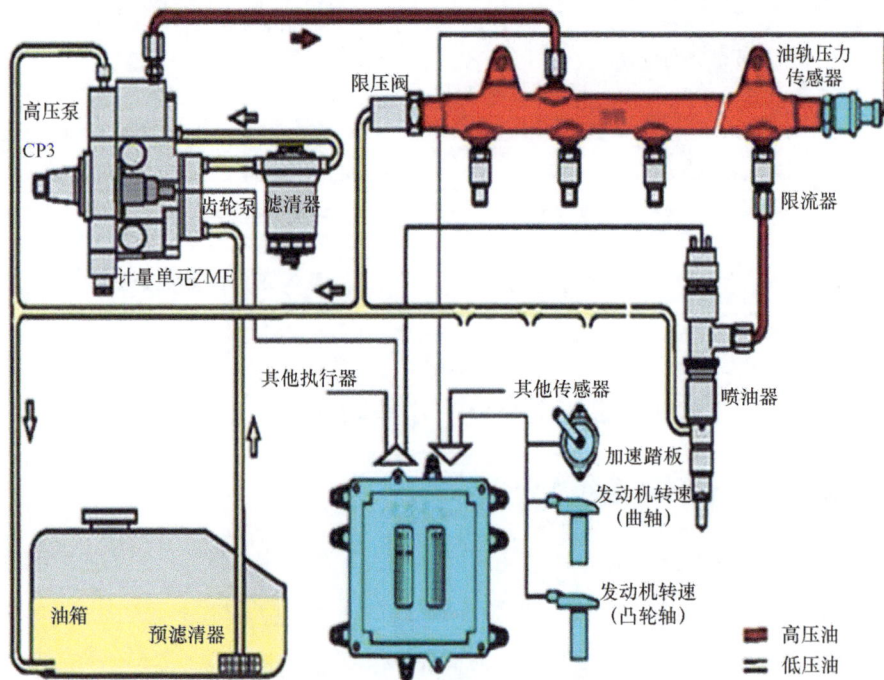

图 2-67　柴油机燃料供给系统结构

1. 汽油机燃料供给系统有什么作用？

2. 汽油和柴油各有什么使用特性？

3. 描述汽油机燃料供给系统各部件装配的位置。

4. 柴油机燃料供给系统由哪些部件组成？

5. 什么是柴油机的调速器？

课题五　发动机冷却系
The engine cooling system

冷却系的功用是通过冷却介质把发动机受热零件的部分热量经散热器及时散发出去，保证发动机在最适宜的温度状态下工作。发动机的冷却系有风冷和水冷之分。以空气为冷却介质的冷却系称为风冷系；以冷却液为冷却介质的称为水冷系。

任务一　了解发动机冷却系的功用及冷却方式

一、发动机冷却系有哪些功用？工作温度过热或过低对发动机有哪些影响？

冷却系使发动机在所有工况下都保持在适当的温度范围内。所以冷却系既要防止发动机过热，也要防止冬季发动机过冷。在冷发动机起动后，冷却系还要保证发动机升温，尽快达到正常工作温度，如图 2-68 所示。

在发动机工作期间，最高燃烧温度可能高达 2500℃，既使在怠速或中等转速下，燃烧室的平均温度也在 1000℃以上。因此，与高温燃气接触的发动机零件受到强烈的加热。在这种情况下，若不进行适当的冷却，发动机将会过热，工作过程恶化，零件强度降低，机油变质，零件磨损加剧，最终导致发动机动力性、经济性、可靠性及耐久性的全面下降。但是，冷却过渡也是有害的。不论是过渡冷却还是发动机长时间在低温下工作，均会使散热损失及摩擦损失增加，零件磨损加剧，排放量增加，发动机工作粗爆，发动机功率下降及燃油消耗率增加。

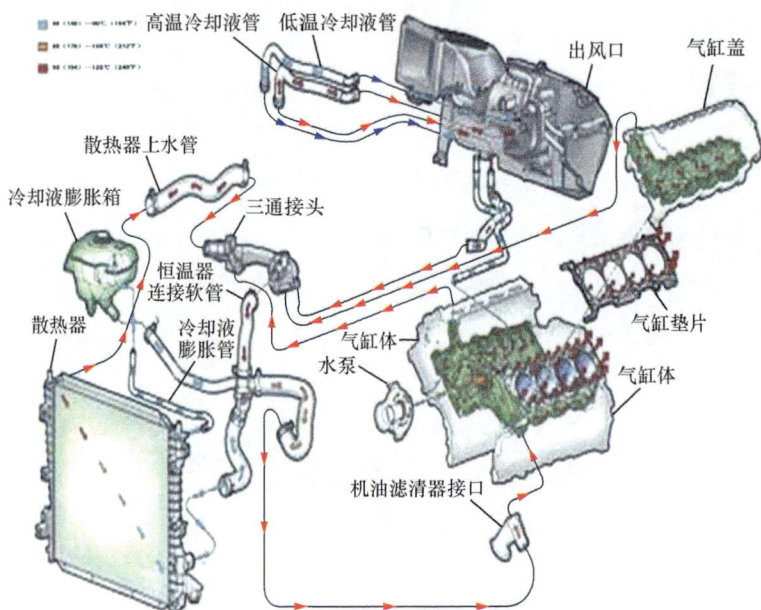

图 2-68　发动机冷却流程示意图

图 2-69　发动机冷却循环系统构造

二、汽车发动机是通过什么方式进行冷却的？

发动机冷却系根据冷却方式分为风冷却和水冷却两种方式。汽车发动机一般都是采用水冷系进行冷却（见图 2-69），只有少数汽车发动机采用风冷系进行冷却。

汽车发动机的冷却系为强制循环水冷系，即利用水泵提高冷却液的压力，强制冷却液在发动机中循环流动。强制循环水冷系由水泵、散热器、冷却风扇、节温器、补偿水桶、发动机机体、气缸盖中的水套以及其他附属装置等组成。

📖 任务二　掌握冷却系循环路线及所使用的介质

一、冷却系水冷的循环路径是如何进行分配的？

冷却液在水泵中增压后，经分水管进入发动机的机体水套。冷却液从水套壁周围流过并从水套壁吸热之后经节温器及散热器进水铁管流入散热器，在散热器中，冷却液向流过散热器周围的空气散热而降温；最后冷却液经散热器出水铁管返回水泵，如此循环不已，如图 2-70 所示。在汽车行驶时或冷却风扇工作时，空气从散热器周围高速流过，以增强对冷却液的冷却。分水管或分水道的作用是使多缸发动机各气缸的冷却强度均匀一致。

有些发动机的水冷系，其冷却液的循环流动方向与上述相反，可称其为逆流式水冷系。在这种水冷系中，温度较低的冷却液首先被引入气缸盖水套，然后才流过机体水套。由于它改善了燃烧室的冷却而允许发动机有较高的压缩比，从而可以提高发动机的热效率和功率。

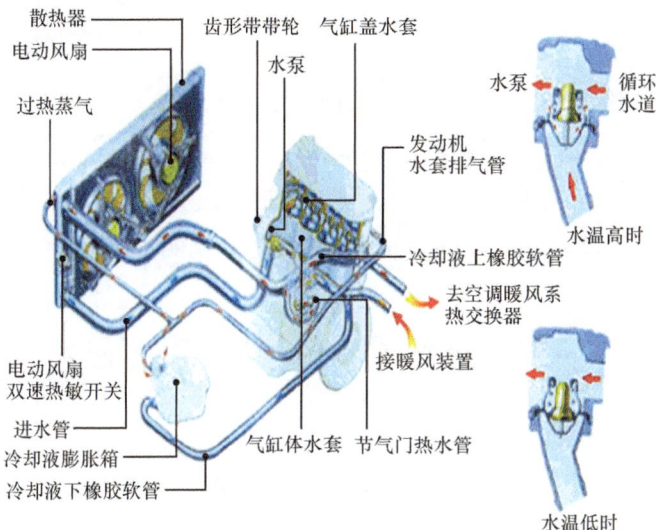

图 2-70　发动机冷却系统工作原理示意图

当发动机温度过高时冷却液在机体内进行大循环：水泵—水套—节温器（主阀门）—散热器—水泵。当发动机温度过低时冷却液在机体内进行小循环：水泵—水套—节温器（副阀门）—水泵。

二、冷却系有哪些介质和部件组成？

1．冷却液

冷却液是水与防冻剂的混合物，如图 2-71 所示。冷却液用的水最好是软水，否则将在发动机水套中产生水垢，使传热受阻，易造成发动机过热。

纯净水在 0℃时结冰。如果发动机冷却系中的水结冰，将使冷却水终止循环而引起发动机过热；尤其严重的是水结冰时体积膨胀，可能将机体、气缸盖和散热器胀裂。为了适应冬季行车的需要在水中加入防冻剂制成冷却液，以防止循环冷却水冻结。最常用的防冻剂是乙二醇。

2．散热器（俗称水箱）

发动机水冷系中的散热器由进水室、出水室及散热

图 2-71　冷却液储存罐内的冷却液

器芯 3 部分构成，如图 2-72 所示。冷却液在散热器芯内流动，空气在散热器芯外通过。热的冷却液由于向空气散热而变冷，冷空气则因为吸收冷却液散出的热量而升温，所以散热器是一个热交换器。

散热器盖
进水室

散热器芯
风扇

出水室

按照散热器中冷却液流动的方向，可将散热器分为纵流式和横流式两种。纵流式散热器芯竖直布置，上接进水室，下连出水室，冷却液由进水室自上而下地流过散热器芯进入出水室。横流式散热器芯横向布置，左右

图 2-72　散热器结构

两端分别为进、出水室，冷却液自进水室经散热器芯到出水室横向流过散热器。大多数新型轿车均采用横流式散热器，这可以使发动机罩的外廓较低，有利于改善车身前端的空气动力性。

3．散热器盖

现代汽车发动机强制循环水冷系，都用散热器盖（见图 2-73）严密地盖在散热器添加

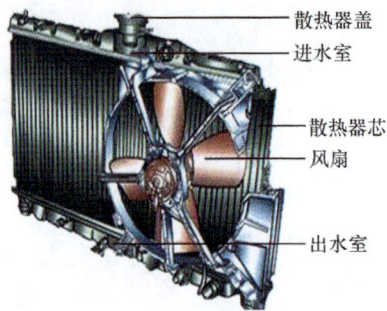

盖

真空弹簧

真空阀

压力阀弹簧

压力阀

图 2-73　散热器盖结构图

冷却液的口上，使水冷系成为封闭系统，通常称这种水冷系为闭式水冷系。其优点是：①闭式水冷系可使系统内的压力提高 98 ～ 196kPa，冷却液的沸点相应地提高到 120℃左右，从而扩大了散热器与周围空气的温差，提高了散热器的换热效率。由于散热器散热能力的增强，可以相应地减小散热器尺寸。②闭式水冷系统可减少冷却液外溢及蒸发损失。

散热器盖的作用是：密封水冷系并调节系统的工作压力。其工作原理是：当发动机工作时，冷却液的温度逐渐升高。由

于冷却液容积膨胀，使冷却系内的压力增高。当压力超过预定值时，压力阀开启，一部分冷却液经溢流管流入补偿水桶，以防止冷却液胀裂散热器。当发动机停机后，冷却液的温度下降，冷却系内的压力也随之降低。当压力降低大气压力以下出现真空时，真空阀开启，补偿水桶内的冷却液部分地流回散热器，可以避免散热器被大气压力压坏。

4．冷却风扇

冷却风扇置于散热器后面。当发动机在车架上纵向布置时，风扇一般安装在水泵轴上，并由驱动水泵和发电机的同一根 V 带传动，如图 2-74 所示。现代发动机多采用电动机驱动风扇，由微机控制。风扇的功用是：当风扇旋转时吸进空气，使其通过散热器，以增强散热器的散热能力，加速冷却液的冷却。水冷系工作时只有 25% 的时间需要风扇工作，而在冬季需要风扇工作的时间就更短了。

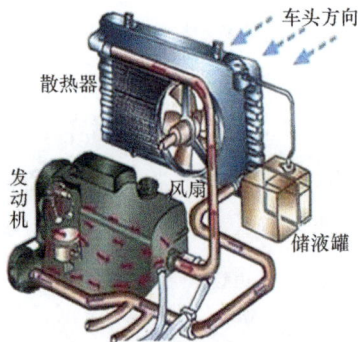

车头方向

散热器

发动机

风扇

储液罐

图 2-74　冷却风扇构造示意图

5. 电动风扇

很多轿车发动机的水冷系采用电动风扇，尤其横置发动机前轮驱动的汽车更是如此。电动风扇由风扇电动机驱动并由蓄电池供电，所以风扇转速与发动机转速无关。电动风扇装配位置，如图 2-75 所示。

电动风扇的优点是结构简单，布置方便，不消耗发动机功率，使燃油经济性得到改善。此外，由于不需要检查、调整或更换风扇传动带而减少了维修保养工作量。

图 2-75 电动风扇装配位置

6. 水泵

水泵（见图 2-76）的功用是对冷却液加压，保证其在冷却系中循环流动。

离心式水泵的工作原理：当水泵叶轮按逆时针方向旋转时，水泵中的冷却液被叶轮带动一起旋转，并在离心力的作用下被甩向水泵壳体的边缘，同时产生一定的压力，然后从水管中流出。在叶轮的中心处，由于冷却液被甩出而压力下降。散热器中的冷却液在水泵进口与叶轮中心的压差作用下，经进水管流入叶轮中心，如图 2-77 所示。

图 2-76 水泵结构示意图

1—前盖；2—连接法兰；3—泵体；
4—叶轮；5—泵盖；6—机械密封

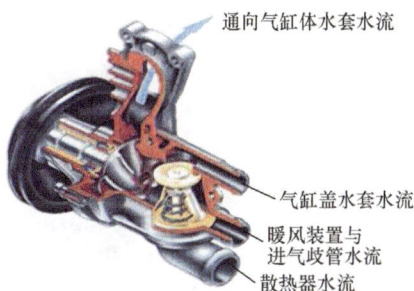

图 2-77 桑塔纳轿车水泵工作原理示意图

📖 任务三 了解冷却系部件的工作过程

一、节温器是怎样进行工作的？

节温器是控制冷却液流动路径的阀门。它根据冷却液温度的高低，打开或关闭冷却液通向散热器的通道。当起动冷发动机时，节温器关闭冷却液流向散热的通道，这时冷却液经水泵入口直接流回机体及气缸盖水套，使冷却液迅速升温。

当冷却液温度低于规定值时，节温器感温体内的石蜡呈固态，节温器阀在弹簧的作用

冷却水小循环

冷却水大循环

- 主阀门
- 侧阀门
- 膨胀筒

(a)节温器侧阀门打开

- 主阀门
- 侧阀门
- 膨胀筒

(b)节温器主阀门打开

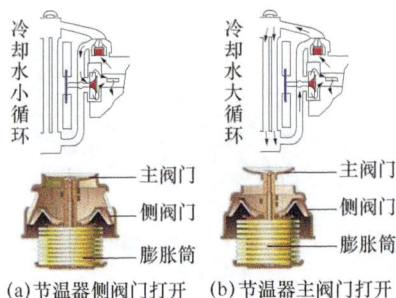

图 2-78 节温器结构分解图

下关闭冷却液流向散热器的通道，冷却液经旁通孔、水泵返回发动机，进行小循环，如图 2-78（a）所示。

当冷却液温度达到规定值后，石蜡开始熔化逐渐变成液体，体积随之增大并压迫胶管使其收缩。在胶管收缩的同时，对推杆作用以向上的推力。由于推杆上端固定，因此，推杆对胶管和感温体产生向下的反推力使阀门开启。这时冷却液经节温器阀进入散热器，并由散热器经水泵流回发动机，进行大循环，如图 2-78（b）所示。

二、变速器机油冷却器是怎样工作的？

装有自动变速器的汽车必须装备变速器机油冷却器（见图 2-79），因为自动变速器中的机油可能过热，机油过热会降低变速器性能，甚至造成变速器损坏。

变速器机油冷却器通常就是一根冷却管，置于散热器的出水室内，由冷却液对流过冷却管的变速器机油进行冷却。在变速器和冷却器之间用金属管或橡胶软管连接。

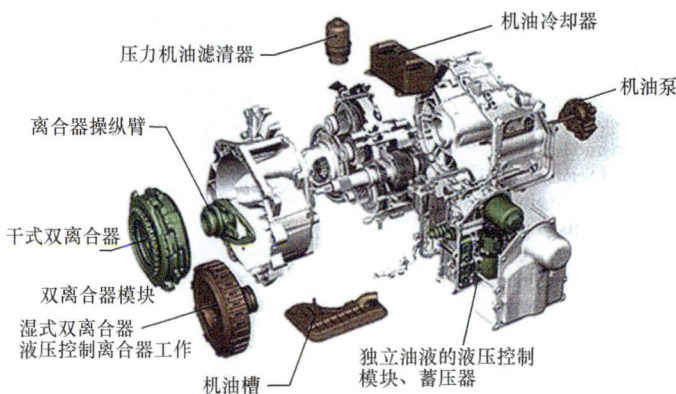

- 机油冷却器
- 压力机油滤清器
- 机油泵
- 离合器操纵臂
- 干式双离合器
- 双离合器模块
- 湿式双离合器液压控制离合器工作
- 机油槽
- 独立油液的液压控制模块、蓄压器

图 2-79 机油冷却器结构分解图

思考题

1. 冷却系的功用是什么？发动机的冷却强度为什么要调节？
2. 若发动机正常工作一段时间后停机，冷却系中的冷却液会发生什么现象？
3. 如果蜡式节温器中的石蜡泄漏，节温器将处于怎样的工作状态？发动机会出现什么故障？
4. 变速器机油冷却器是怎样工作的？

The lubrication system

润滑系统主要有润滑、清洗、冷却、防锈防腐蚀、密封、力传递、缓冲减压 7 个方面的作用。工作范围包含了曲轴、连杆、凸轮轴、中间平衡轴轴承、活塞销、液压顶杆、摇臂、气门及各个电液控制电磁阀等工作部件。

润滑作用是在发动机各摩擦表面形成一定的油膜，从而使金属摩擦表面不直接接触在一起。就像我们将机油滴在地上，容易使人不小心会滑倒一样，减小了摩擦力。

但是机油并不能使金属表面绝对隔绝的接触，所以当机油流经各工作件表面时，就会把摩擦所产生的微量杂质带走，同时带走因摩擦及其他部位所传递而来的多余热量，从而起到清洗、冷却的作用。比如洗澡时，用相对适当温度的水来冲洗身体，水不但能够冲掉身上的污渍，同时还会让我们觉得凉爽。

📖 任务一 了解润滑系的组成、功用及工作原理

一、润滑系由哪些零部件组成？

为了实现润滑系的功用，汽车发动机润滑系由机油泵、机油滤清器、机油冷却器、油底壳、集滤器、机油压力表、温度表、润滑油道等组成，如图 2-80 所示。

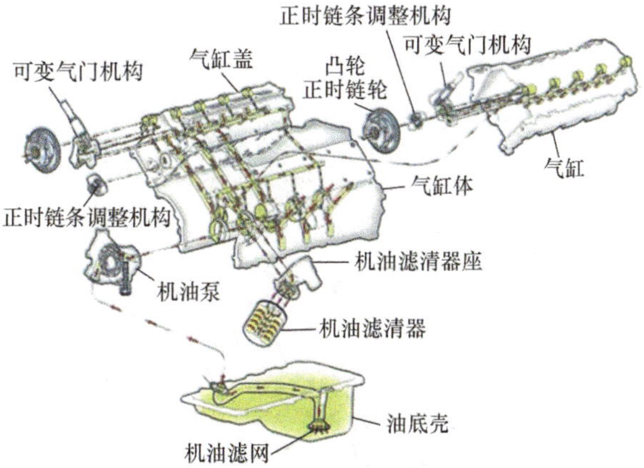

图 2-80 发动机润滑流程示意图

二、润滑系有哪些功用？

润滑系在发动机工作时连续不断地把足够多的洁净润滑油通过机油泵（见图 2-81）加压或机件运动离心力输送到所有传动件的摩擦表面，并在摩擦表面之间形成油膜，实现液体摩擦，从而减小摩擦阻力、降低功率消耗、减轻机件磨损，以达到提高发动机工作可靠性和耐久性的目的。

三、发动机润滑系将对哪些部件进行润滑？

发动机工作时，很多传动零件都是在很小的间隙下做高速相对运动的。如曲轴主轴承，

曲柄销与连杆轴承，凸轮轴颈与凸轮轴轴承，活塞、活塞环与气缸壁面，配气机构各运动副及传动齿轮副等，如图 2-82 所示。尽管这些零件的工作表面都经过精细的加工，但放大来看这些表面却是凹凸不平的。若不对这些表面进行润滑，它们之间将发生强烈的摩擦。金属表面之间的干摩擦不仅增加发动机的功率消耗，加速零件工作表面的磨损，而且还可能由于摩擦产生的热将零件工作表面烧损，致使发动机无法运转。

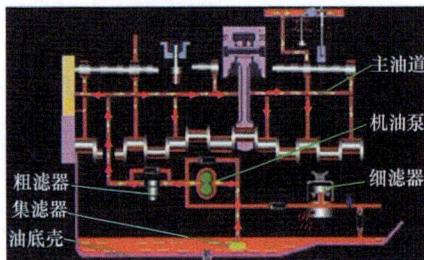

图 2-81　机油泵工作原理示意图

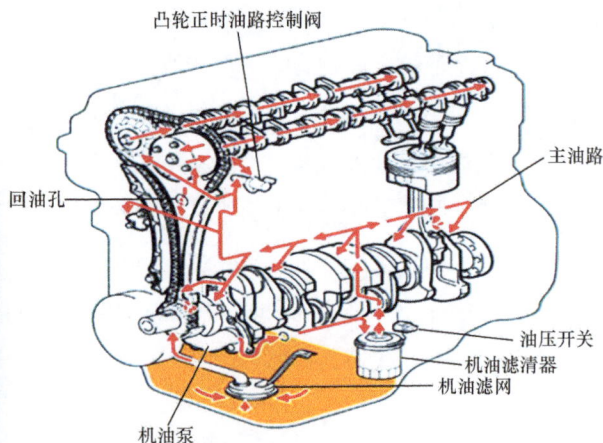

图 2-82　发动机润滑系工作原理

四、润滑系润滑油在油路中怎样工作？

现代汽车发动机的润滑系油路大致相同。一般曲轴的主轴颈、曲柄销、凸轮轴颈及中间轴（分电器和机油泵的传动轴）颈均采用压力润滑，其余部分则采用飞溅润滑或润滑脂润滑。

当发动机工作时，润滑油从油底壳经集滤器被机油泵送入机油滤清器，如图 2-83 所示。如果机油压力太高，则润滑油经机油泵上的安全阀返回机油泵入口，全部润滑油经滤清器滤清之后进入发动机主油道。滤清器盖上设有旁通阀，当滤清器堵塞时，润滑油不经过滤清器滤清，而由旁通阀直接进入主油道。润滑油经主油道进入 5 条分油道，分别润滑 5 个主轴承。然后，润滑油经曲轴上的斜油道，从主轴承流向连杆轴承润滑曲柄销。主油道中的部分润滑油经第 6 条分油道供入中间轴的后轴承。中间轴的前轴承由机油滤清器出油口的一条油道供油润滑。主油道的另一条分油道直通凸轮轴轴承润滑油道，此油道也有 5 个分油道，分别向 5 个凸轮轴轴承供油。在

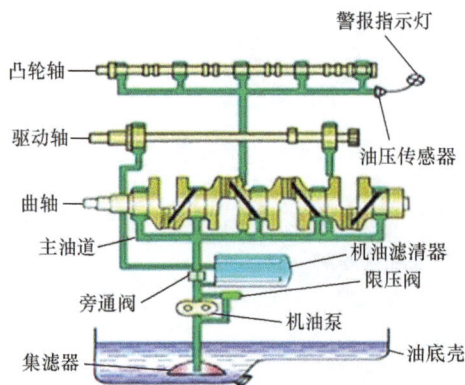

图 2-83　上海桑塔纳轿车发动机润滑油路示意图

凸轮轴轴承润滑油道的后端，也就是整个压力润滑油路的终端，装有最低润滑油压力报警开关。当发动机起动后，润滑油压力较低，最低油压报警开关触点闭合，油压指示灯亮。当润滑油压力超过 31kPa 时，最低油压报警开关触点断开，指示灯熄灭。另外，在机油滤清器上装有润滑油压力开关。当发动机转速超过 2150r/min 时，润滑油压力若低于 180kPa，开关触点闭合，报警灯闪亮，同时蜂鸣器也鸣响报警。

五、机油是怎样对工作零件进行润滑呢？

发动机的润滑油俗称机油。机油储存在发动机下部的油底壳中，当发动机运转时，发动机动力的一部分带动机油泵（见图 2-84）将机油泵入油道，利用泵的压力将其送入，润滑发动机的各个部位，润滑后的机油再变成油滴沿壁回落到油底壳中。机油除了对运动件进行润滑之外还具有冷却的作用。

图 2-84　机油泵剖面图

反复润滑后，磨损的金属末或灰尘杂质就会混入机油中，这样会加速运动件表面的磨损，为了减少磨损，在机油泵管路上装配一个机油滤清器，时刻对机油进行过滤。机油使用一段时间后也会变脏，汽车行驶一定的里程之后要更换机油。机油的更换是汽车维护保养的一个基本工作。

📖 任务二　了解发动机不同部件的润滑方式和工作过程

一、如何对活塞进行润滑？

活塞是发动机中运动最强劲的一个部件，运动量特别大，会受到巨大的压力和冲击力，润滑条件极其差，温度也最高。为了改善其润滑条件，使其温度控制在一定范围内，防止膨胀过量造成拉缸，在制造设计上单独装配了一个机油喷管进行特别的润滑和冷却，如图 2-85 所示。

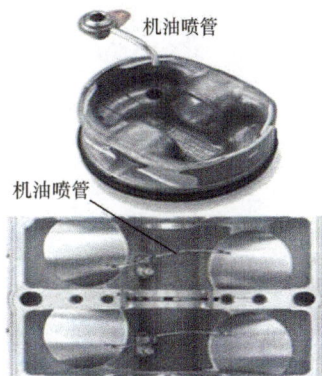

机油喷管

机油喷管

图 2-85　机油润滑气缸和活塞示意图

二、发动机润滑方式有哪些？

由于发动机传动件的工作条件不尽相同，因此，对负荷及相对运动速度不同的传动件采用不同的润滑方式。发动机润滑方式有以下 3 种。

（1）压力润滑是以一定的压力把润滑油供入摩擦表面的润滑方式。这种方式主要用于主轴承、连杆轴承及凸轮轴承等负荷较大的摩擦表面的润滑，如图 2-86 所示。

（2）飞溅润滑是利用发动机工作时运动件溅泼起来的油滴或油雾润滑摩擦表面的润滑方式，该方式主要用来润滑负荷较轻的气缸壁面和配气机构的凸轮、挺杆、气门杆以及摇臂等零件的工作表面，如图 2-87 所示。

（3）润滑脂润滑是通过润滑脂嘴定期加注润滑脂来润滑零件的工作表面，一般是水泵、发电机轴承、底盘零部件工作表面的润滑等，如图 2-88 所示。

图 2-86　压力润滑　　　　　图 2-87　飞溅润滑　　　　　图 2-88　润滑脂润滑

📖 任务三　了解机油泵、机油的分类和机油的使用特性

一、机油泵是怎么进行分类的？其功用及原理如何？

机油泵根据结构形式可分为齿轮式和转子式两类。齿轮机油泵又分为内啮合齿轮式和外啮合齿轮式，一般把后者称为齿轮式机油泵。齿轮式机油泵装配位置如图 2-89 所示。

1. 齿轮式机油泵

齿轮式机油泵的工作原理：在机油泵体内装有一对外啮合齿轮，齿轮的端面由机油泵盖封闭。泵体、泵盖和齿轮的各个齿槽组成工作腔，如图 2-90 所示。当齿轮按顺时、逆时针方向旋转时，进油腔的容积由于轮齿逐渐脱离啮合而增大，腔内产生一定的真空，润滑油从油底壳经进油口被吸入进油腔，随后又被轮齿带到出油腔。出油腔的容积由于轮齿逐渐进入啮合而减小，使润滑油压力升高，润滑油经出油口被压入发动机机体上的润滑油道。在发动机工作时，机油泵齿轮不停地旋转，润滑油便连续不断地流入润滑油道，经过滤清之后被送到各润滑部位。

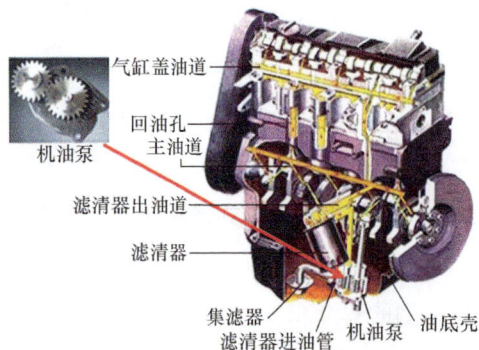

气缸盖油道
回油孔
主油道
机油泵
滤清器出油道
滤清器
集滤器
滤清器进油管　机油泵　油底壳

图 2-89　齿轮式机油泵装配位置

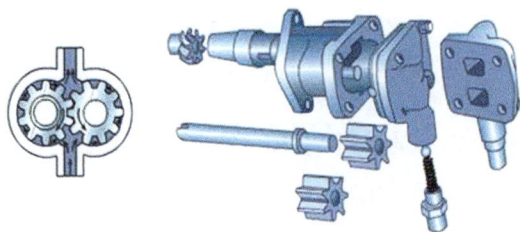

图 2-90　齿轮式机油泵机构图

当轮齿进入啮合时，封闭在轮齿径向间隙内的润滑油，压力急剧升高，使齿轮受到很大的推力，并使机油泵轴衬套的磨损加剧。如能将径向间隙内的润滑油及时引出，油压自然降低。为此，特在泵盖上加工一道卸压槽，使轮齿径向间隙内被挤压的润滑油通过卸压槽流入出油腔。

机油泵的使用性能取决于齿轮与泵体的配合间隙。齿轮与泵体的径向间隙一般不超过0.20mm，齿轮端面间隙为 0.05 ～ 0.20mm。间隙过大，润滑油压力降低，泵油量减少。

在泵体与泵盖之间有衬垫，既可以防止漏油，又可以用来调整齿轮的端面间隙。

齿轮式机油泵由曲轴或凸轮轴经中间传动机构驱动。汽油机的齿轮式机油泵典型的传动方式是机油泵与分电器由凸轮轴或中间轴上的曲线齿轮经同一个传动轴驱动。

齿轮式机油泵的优点是效率高，功率损失小，工作可靠；缺点是需要中间传动机构，制造成本相应较高。国产桑塔纳、捷达和奥迪等轿车都采用齿轮泵。

2．内啮合齿轮式机油泵

内啮合齿轮式机油泵（见图 2-91）也称内接齿轮泵，其工作原理与外啮合齿轮式机油泵（齿轮式机油泵）相同。

因为内接齿轮泵由曲轴直接驱动，无需中间传动机构，所以零件数量少，制造成本低，占用空间小，使用范围广。但是这种机油泵在内、外齿轮之间有一

图 2-91　内啮合齿轮式机油泵

处无用的空间，使机油泵的泵油效率降低。另外，如果曲轴前端轴颈太粗，机油泵外形尺寸随之增大，发动机驱动机油泵的功率损失也相应有所增加。

3．转子式机油泵

转子式机油泵主要由内、外转子，机油泵体及机油泵盖等零件组成，如图 2-92 所示。内转子固定在机油泵传动轴上，外转子自由地安装在泵体内，并与内转子啮合转动，如图 2-93 所示。

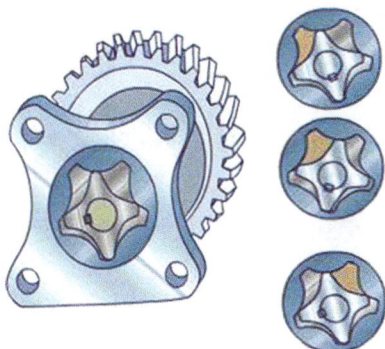

图 2-92　转子式机油泵结构

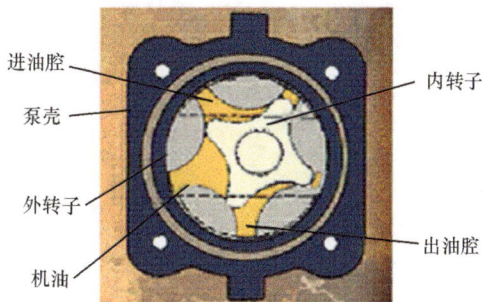

图 2-93　转子式机油泵工作原理

4. 安全阀

机油泵必须在发动机各种转速下都能供给足够的数量的润滑油，以维持足够的润滑油压力，保证发动机的润滑。机油泵的供油量与其转速有关，而机油泵的转速又与发动机转速成正比。因此，在设计机油泵时，都是使其在低速时有足够大的供油量。但是，在高速时机油泵的供油量明显偏大，润滑油压力也显著偏高。另外，在发动机冷起动时，润滑油黏度大、流动性差，润滑油压力也会大幅度升高。为了防止油压过高，在润滑油路中设置安全阀或限压阀。

二、润滑油根据什么条件分类，有哪些用途？

国际上广泛采用美国 SAE 黏度分类法和 API 使用分类法（见图 2-94）对润滑油进行分类，而且它们已被国际标准化组织 (ISO) 确认。

美国工程师学会（SAE）按照润滑油的黏度等级，把润滑油分为冬季用润滑油和非冬季润滑油。冬季润滑油有 6 种牌号：SAE 15W、SAE 5W、SAE 10W、SAE 15W、SAE 20W 和 SAE 25W。非冬季润滑油有 4 种牌号：SAE 20、SAE 30、SAE 40 和 SAE 50。号数越大的润滑油黏度越大，适于在较高的环境温度下使用。

我国的润滑油分类法参照 ISO 分类方法。GB/T 7631.3—1995 规定，按润滑油的性能和使用场合分类为：

（1）汽油机油：SC、SD、SE、SF、SG、SH 等 6 个级别；

（2）柴油机油：CC、CD、CD-Ⅱ、CE、CF-4 等 5 个级别；

（3）二冲程汽油机油：ERA、ERB、ERC 和 ERD 等 4 个级别。

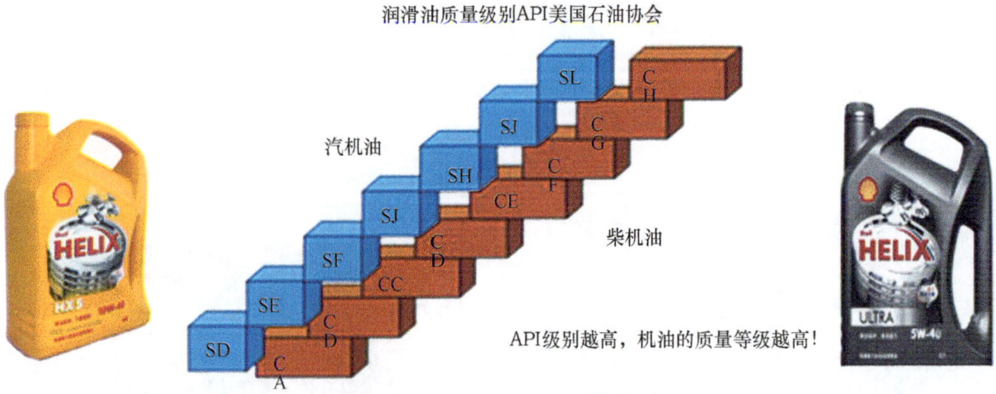

图 2-94　API—质量分级示意图

三、润滑油有哪些使用特性？

汽车发动机机油在润滑系内循环流动，循环次数每小时可达 100 次。润滑油的工作条件十分恶劣，在循环过程中，润滑油与高温的金属壁面及空气频频接触，不断氧化变质。窜入曲轴箱内的燃油蒸气、废气以及金属磨屑和积炭等，使润滑油受到严重污染。另外，润滑油的工作温度变化范围很大，在发动机起动时，为环境温度；在发动机正常运转时，曲轴箱中润滑油的平均温度可达 95℃或更高。同时，润滑油还与 180℃～300℃的高温零件接触，受到强烈的加热。因此，作为汽车发动机的润滑油，必须具备优良的使用性能。目前，汽车发动机广泛使用的润滑油，以从石油中提炼出来的润滑油为基础油，再加入各种添加剂混合而成，如图 2-95 所示。其使用性能包括以下几项。

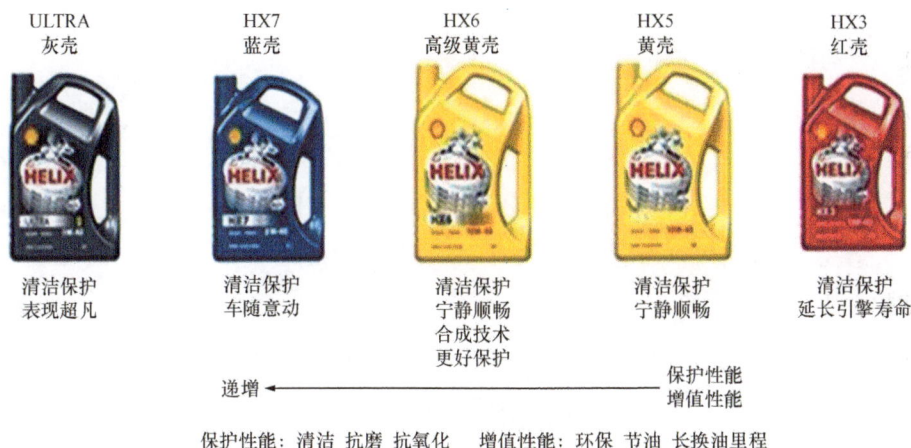

| ULTRA | HX7 | HX6 | HX5 | HX3 |
| 灰壳 | 蓝壳 | 高级黄壳 | 黄壳 | 红壳 |

清洁保护　清洁保护　清洁保护　清洁保护　清洁保护
表现超凡　车随意动　宁静顺畅　宁静顺畅　延长引擎寿命
　　　　　　　　　　合成技术
　　　　　　　　　　更好保护

递增 ←――――――――――――――― 保护性能
　　　　　　　　　　　　　　　　　增值性能

保护性能：清洁 抗磨 抗氧化　　增值性能：环保 节油 长换油里程

图 2-95 机油品质排列示意图

（1）**适当黏度**。油的黏度对发动机的工作有很大的影响。黏度过小，在高温、高压下容易从摩擦表面流失，不能形成足够厚度的油膜；黏度过大，冷起动困难，润滑油不能被送到摩擦表面。润滑油的黏度随温度变化而变化，温度升高，黏度减小；温度降低，黏度增大。为了使润滑油在较宽的温度范围内都有适当的黏度，必须在基础油中加入增稠剂。

（2）**优异的氧化安定性**。氧化安定性是指润滑油抵抗氧化作用不使其性质发生永久变化的能力。当润滑油在使用与储存过程中与空气中的氧气接触而发生氧化作用时，润滑油的颜色变暗，黏度增加，酸性增大，并产生胶状沉积物。氧化变质的润滑油将腐蚀发动机零件，甚至破坏发动机工作。

（3）**良好的防腐性**。润滑油在使用过程中不可避免地被氧化而生成各种有机酸。这类酸性物质对金属零件有腐蚀作用，产生斑点、麻坑或使合金层剥落。

（4）**较低的起泡性**。由于润滑油在润滑系中快速循环和飞溅，必然会产生泡沫。如果泡沫太多，或泡沫不能迅速消除，将造成摩擦表面供油不足。控制泡沫生成的方法是在润滑油中添加泡沫抑制剂。

（5）**强烈的清净分散性**。润滑油的清净分散性是指润滑油分散、疏松和移走附着在零件

表面上的积炭和污垢的能力。为使润滑油具有清净分散性，必须加入清净分散添加剂。

（6）高度的极压性。在摩擦表面之间的油膜厚度小于 0.3 ～ 0.4mm 的润滑状态，称边界润滑。习惯上把高温、高压下的边界润滑，称为极压润滑。润滑油在极压条件下的抗磨性叫作极压性。现代汽车发动机的轴承及配气机构等零件的润滑，即为极压润滑。为了提高润滑油的极压性，避免在极压润滑的条件下润滑油被挤出摩擦表面，必须在润滑油中加入极压添加剂。极压添加剂与金属表面起化学反应，形成强韧的油膜，以提供对零件的极压保护。

四、汽车使用的润滑剂有哪些？其功用如何？

汽车发动机润滑剂包括润滑油和润滑脂两种。

1．润滑油的功用

（1）润滑。润滑油在运动零件的所有摩擦表面之间形成连续的油膜，以减小零件之间的摩擦。

（2）冷却。润滑油在循环过程中流过零件工作表面，可以降低零件的温度。

（3）清洗。润滑油可以带走摩擦表面产生的金属碎末及冲洗掉沉积在气缸、活塞、活塞环及其他零件上的积炭。

（4）密封。附着在气缸壁、活塞及活塞环上的油膜，可起到密封防漏的作用。

（5）防锈。润滑油有防止零件发生锈蚀的作用。

2．润滑脂的功用

（1）降低摩擦。在摩擦面之间加入润滑脂，形成润滑膜，减少摩擦面之间金属直接接触，从而降低摩擦系数，减少摩擦阻力和功率消耗。

（2）减少磨损。摩擦面之间具有一定强度的润滑膜，能够支撑负荷，避免或减少金属表面的直接接触，从而可减轻接触表面的塑性变形、熔化焊接、剪断再粘接等各种程度的黏着磨损。

（3）冷却降温。润滑脂降低摩擦系数，减少摩擦热的产生。

（4）密封隔离。润滑脂覆盖于摩擦表面或其他金属表面，可隔离水气、湿气和其他有害介质与金属的接触，从而减轻腐蚀磨损，防止生锈，保护金属表面。

（5）减轻振动。润滑脂能将冲击振动机械能转变为液压能，起到减缓冲击、吸收噪声的作用。

📖 任务四　掌握机油滤清器、集滤器、冷却器的工作过程及结构特点

一、机油滤清器工作情况如何？

机油滤清器有全流式与分流式之分。

全流式滤清器串联于机油泵和主油道之间，因此能滤清进入主油道的全部润滑油。分流式滤清器与主油道并联，仅过滤机油泵送出的部分润滑油。

现代汽车发动机所采用的全流式滤清器构造：纸质滤芯装在滤清器外壳内，滤清器出油口是螺纹孔，借此螺纹孔把滤清器安装在机体上的螺纹接头上，螺纹接头与机体主油道相通，如图 2-96 所示。

如果滤清器使用时间达到了更换周期，就把整个滤清器拆下扔掉，换上新滤清器。如果滤清器在使用期内滤芯被杂质严重堵塞，润滑油不能够通过滤芯，则会造成滤清器进油口油压升高，润滑油进入滤清器的油量减少。

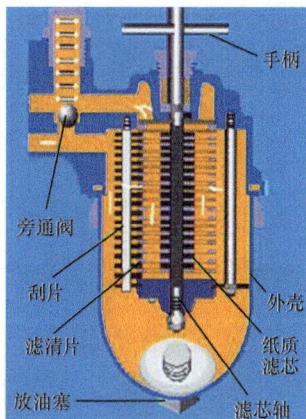

图 2-96　全流式滤清器构造图

二、机油集滤器是怎样的一种结构？

集滤器一般为滤网式，装在机油泵之前。目前，汽车发动机所用的集滤器分为浮筒式（见图 2-97）和固定式两种。

当机油泵工作时，润滑油从油底壳经进油狭缝、滤网、吸油管进入机油泵。润滑油流过滤网时，其中粗大杂质被滤除。当滤网被杂质堵塞之后，滤网上方的真空度增大，于是克服滤网的弹力，使滤网上升，环口离开浮筒罩，这时润滑油经进油狭缝和环口进入吸油管和机油泵，以保证润滑油的供给不致中断。

图 2-97　浮筒式集滤器构造图

三、发动机机油冷却器是怎样工作的？

在高性能、大功率的强化发动机上，由于热负荷大，必须装设机油冷却器（见图 2-98）。机油冷却器布置在润滑油中，其工作原理与散热器相同。

发动机机油冷却器分为风冷式和水冷式两类。风冷式机油冷却器很像一个小型散热器，利用汽车行驶的迎面风对润滑油进行冷却。这种机油冷却器散热能力大，多用于赛车及热负荷大的增压汽车上。

水冷式机油冷却器布置方便，且不会使润滑油冷却过度，润滑油温度稳定，因而在轿车上应用广泛。

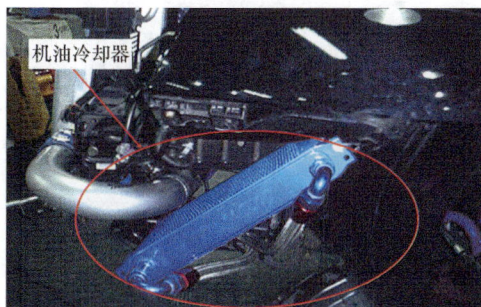

图 2-98　车装发动机机油冷却器位置

课题七　发动机点火系
The ignition system

点火系的作用是将蓄电池或发电机输出的低压电流，经点火线圈变为高压电流，通过分电器按照发动机各缸的点火顺序，在规定时间内轮流配送给各火花塞，产生电火花，点燃气缸内的混合气。

任务一　熟悉发动机点火系的组成及工作过程

一、发动机点火系是怎样工作的呢？

汽油发动机工作时，吸入气缸中的可燃混合气在压缩行程终了时靠电火花点燃，使混合气燃烧产生强大动力，推动活塞向下运动使发动机做功，如图 2-99 所示。因此，在汽油发动机的燃烧室中装有火花塞。

在火花塞的两个电极之间加上直流高电压时，电极之间的气体便发生电离现象。随着两电极间电压的升高，气体电离的程度也不断增强。当电压增长到一定值时，火花塞两极间的间隙被击穿而产生电火花。使火花塞两电极间隙击穿所需要的电压，称为击穿电压。击穿电压的数值与电极间的距离（火花塞间隙）、气缸内的压力和温度有关。电极间隙越大，缸内压力越高，温度越低，则击穿电压越高。为了使发动机在各种工况下均能可靠地点火，作用在火花塞间隙的电压应能达到 15 ～ 20kV。

能够按时在火花塞两电极之间产生电火花的全部装置，称为发动机点火系。为了适应发动机的工作，要求点火系能在规定的时刻，按

火花塞

进气道

排气道

排气门

燃烧室

进气门

活塞环

活塞

图 2-99　汽油在气缸内燃烧示意图

发动机的点火次序供给火花塞以足够能量的高压电，使其两电极间产生电火花，点燃混合气，使发动机做功。

二、点火系是由哪些部分组成的？

点火系根据产生高压电方式的不同，分为传统点火系和微机控制点火系。

（1）传统点火系：以蓄电池或发电机为电源，提供 12V、24V、6V 的低电压直流电，借点火线圈和断电器将低压电转变为高压电，再经过配电器分配到各缸火花塞，使火花塞两电极之间产生电火花，点燃混合气，如图 2-100 所示。

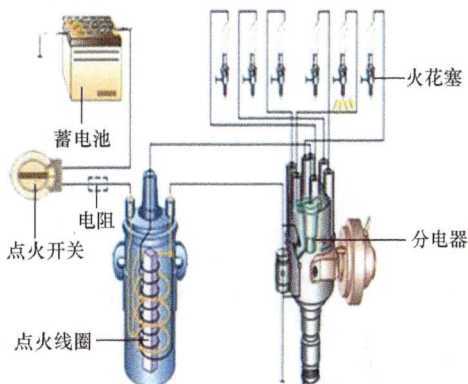

图 2-100　点火系元件连接示意图

电源→点火开关→继电器→点火线圈→分电器→断电器（电容器）→配电器→高压导线→火花塞。

（2）微机控制点火系：由点火线圈（点火模块）和微机控制装置产生的点火信号，将电源的低压电转变为高压电。现代发动机点火系取消了分电器，由微机系统直接进行高压电的分配，是现代新型的无分电器点火系。微机控制的点火系已广泛应用于各种轿车上。

电源→点火开关→继电器→点火器（微机控制）→点火线圈→高压导线→火花塞。

📖 任务二　了解点火系的工作特性

一、汽车发动机的点火次序是怎样分布的？

四冲程直列 4 缸发动机点火次序：点火间隔角应为 720°/4=180°，4 个曲拐布置在同一平面内。点火次序有两种可能性，即 1-2-4-3 或 1-3-4-2。

四冲程直列 6 缸发动机点火次序：点火间隔角应为 720°/6=120°，6 个曲拐分别布置在 3 个平面内，各平面夹角为 120°。曲拐的具体布置有两种方案，第一种点火次序是：1-5-3-6-2-4；另一种是：1-4-2-6-3-5。

四冲程 V 型 8 缸发动机点火次序（见图 2-101）：点火间隔角应为 720°/8=90°。V 型发动机左右两列中相对应的一对连杆共用一个曲拐，所以 V 型 8 缸发动机只有 4

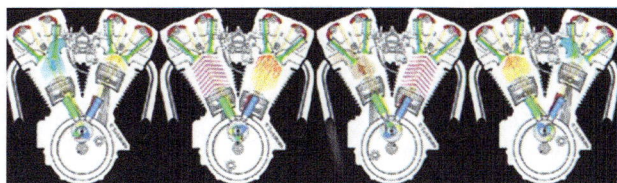

图 2-101　发动机点火顺序示意图

个曲拐，其布置可以与4缸发动机一样，4个曲拐布置在一个平面内，也可以布置在两个互相垂直的平面内。发火次序一般为：1-8-4-3-6-5-7-2。

二、发动机在点火时为什么需要正时？

发动机工作时点火时刻对发动机的性能有很大的影响。由于混合气燃烧有一定的速度，即从火花塞间隙出现火花，到燃烧室中的混合气大部分燃烧完毕，气缸内的压力上升到最高值，是需要一定时间的。虽然这段时间很短，不过千分之几秒，但由于发动机转速很高，在这样短的时间内曲轴却转过较大的角度，若恰好在活塞达到上止点时点火（见图2-102（a）），混合气开始燃烧时活塞已开始向下运动，使气缸容积增大，燃烧压力降低，发动机功率下降。

若点火过早，则活塞正在向上止点运动过程中，混合气开始燃烧，气缸内气体压力迅速升高，而且气体压力作用的方向与活塞运动的方向相反，因此出现了如图2-102（b）所示的套环。此时，发动机有效功减小，发动机功率也将下降。

因此，应当在活塞达到压缩行程上止点之前点火，使气体压力在活塞达到上止点后10°～15°时达到最高值，如图2-103所示，这样混合气燃烧产生的热能，在做功行程中得到充分利用，可以提高发动机功率。

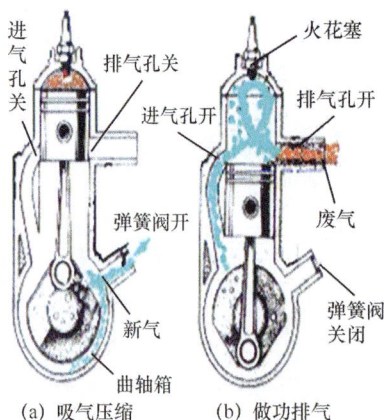

图 2-102　气缸行程图

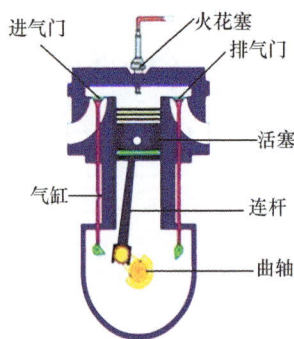

图 2-103　活塞在气缸内运行曲轴位置

三、什么是发动机点火提前角？

提前点火的角度称为点火提前角，即火花塞间隙跳火时曲轴的曲拐所在位置，与压缩行程终了活塞到达上止点时曲拐位置之间的夹角。

发动机工作时最佳的点火提前角不是固定值，它随很多因素而改变。影响点火提前角的主要因素是发动机的转速和混合气的燃烧速度。混合气的燃烧速度又与混合气的成分、发动机的结构（燃烧室的形状、压缩比（见图 2-104）等）及其他一些因素有关。

因此，当发动机转速度一定时，随着节气门开度加大，发动机负荷增大，吸入气缸的可燃混合气数量增多，压缩行程终

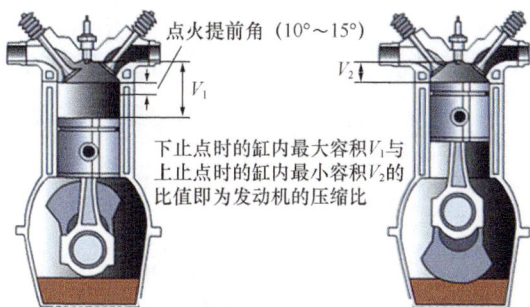

点火提前角（10°～15°）

下止点时的缸内最大容积 V_1 与上止点时的缸内最小容积 V_2 的比值即为发动机的压缩比

图 2-104　活塞在缸体内运行上、下止点位置

了时气缸内的温度和压力增高，同时残余废气在气缸内混合气中所占的比例减少，混合气燃烧的速度加快，点火提前角应适当减小；反之，发动机负荷减小时，点火提前角应当加大。

任务三　了解微机控制的组成及传感器的作用

一、点火控制器的功用及组件有哪些？

点火控制器用来将传感器输入的脉冲信号整形、放大，转变为点火控制信号，经开关型大功率晶体三极管，控制点火线圈一次电路的通、断和点火系的工作，如图 2-105 所示。

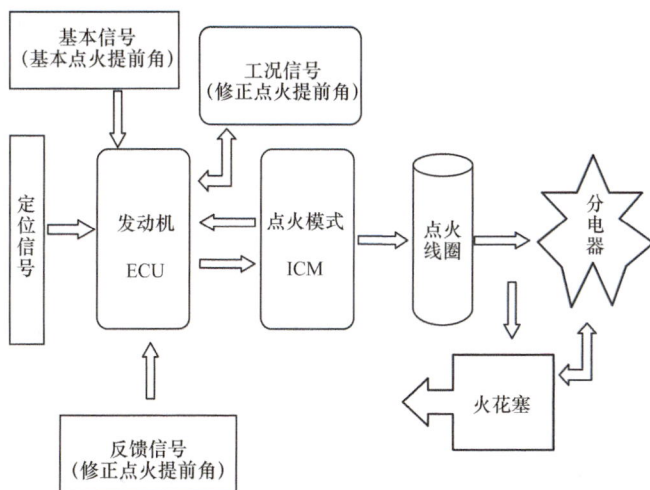

图 2-105　点火系元件控制图

点火控制器是由专用的点火集成电路芯片、电阻、电容、稳压管、达林顿管（提高放大能力而由两个三极管组合成为复合管）等组成的混合集成电路点火控制器，安装在点火线圈上。

二、微机（ECU）控制点火系有哪些组成件？

微机控制点火系一般由传感器、微机控制器（ECU）、点火控制器和点火线圈等组成，如图 2-106 所示。

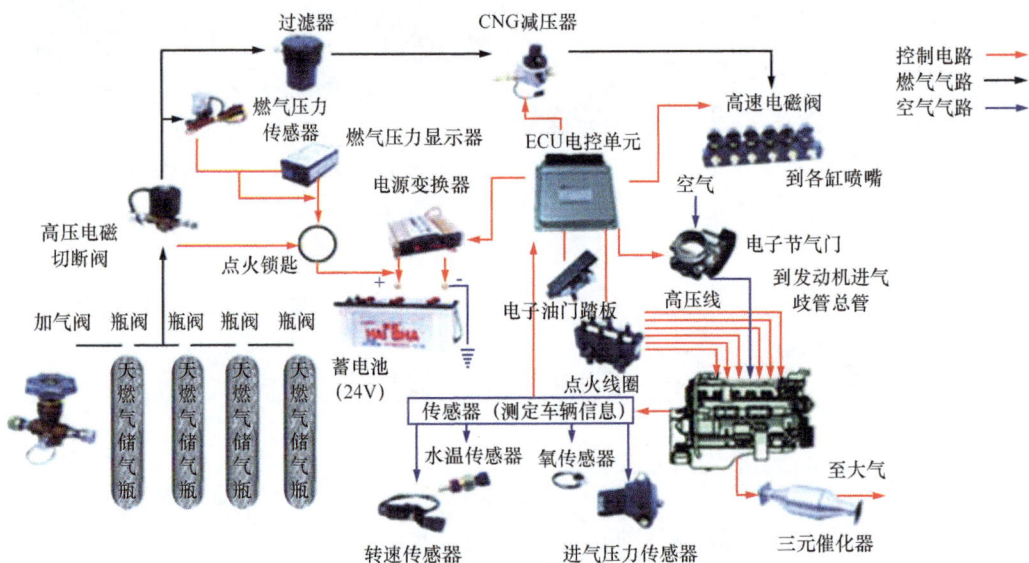

图 2-106　微机控制图

（1）传感器。微机控制点火系中的传感器，就好像人的"眼睛"，在发动机工作时不断地检测反映发动机工作状况的信息，并输入控制器，作为控制系统进行运算和控制的依据或基准。

（2）微机控制器。微机控制器（ECU）是控制系统的中枢，也称电脑。就好像人的"大脑"一样。在发动机工作时，它根据各传感器输入的信号，计算最佳点火提前角和一次电路的导通时间，并产生点火控制信号控制点火工作。微机控制装置的功能很强，它在实行点火控制的同时，还可以进行对发动机的空燃比、怠速转速、废气再循环等多项参数的控制。它还具有故障自诊断和保护功能，当控制系统出现故障时，它能自动地记录故障代码并采取相应的保护措施，维持发动机运行，使汽车能开回维修站。微机控制器简称控制器或控制单元，常用其英文名称缩写 ECU 表示。

（3）执行单元。执行单元是由微机控制的执行器组成的。就好像人的"手"和"脚"一样通过执行大脑命令来完成动作的一个部分，一般由喷油器、怠速控制阀等。

三、传感器的结构形式及其工作情况如何？

发动机转速传感器是由绕在铁心上的传感线圈和永久磁铁构成的磁脉冲式信号发生器，

安装在飞轮的侧面，传感线圈的铁心与飞轮上的 135 个
凸齿相对应，如图 2-107 所示。飞轮旋转时，在传感线
圈中产生交变的电压信号（以下简称脉冲信号）。曲轴
每旋转一周，产生 135 个脉冲信号，输入控制器，用于
计算发动机转速和点火时刻。

（1）点火基准传感器也叫曲轴位置传感器，该传感
器的结构与发动机转速传感器相同，也安装在飞轮的侧

图 2-107　转速传感器装配位置图

面，与固定在飞轮上的一个圆柱销相对应，发动机曲轴每转一周产生一个脉冲信号。在安装
传感器时，应保证当第一缸活塞到达压缩行程上止点前 62° 时产生信号，此信号作为点火
控制的基准信号。

（2）霍尔传感器（见图 2-108）安装在分电器内。其转子安装在分电器轴上，转子的外
缘上只有一个缺口，分电器轴每转一周产生一个脉冲信号，信号的宽度为 35°，安装传感
器时应使该信号出现在一缸压缩行程上止点前 80°。霍尔信号输入控制器，并使来自点火
基准传感器的第二个信号被抵消，从而曲轴每转两周得到一个第一缸压缩行程时，活塞到达
上止点前 62° 的信号。

(a) 外形图　　　　　　　　　(b) 原理图

图 2-108　霍尔传感器

（3）增压传感器（见图 2-109）也叫进气管压力传感器，是一个压电式传感器，安装在
微机控制器内，通过胶管接到发动机进气系统，将进
气管内的压力转变为电压信号输入控制器，也作为点
火控制的主要依据。

（4）冷却水温度传感器（见图 2-110）是一个热
敏电阻式传感器，安装在发动机冷却水道上，检测冷
却水的温度并输入控制器，作为根据冷却水温度修正
点火提前角的依据。

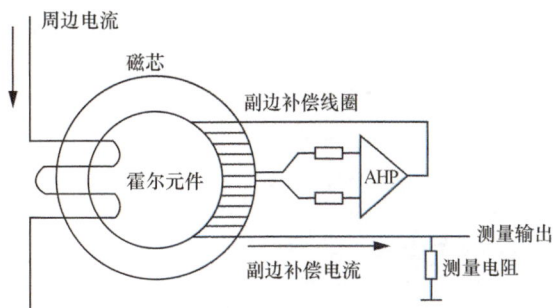

图 2-109　增压传感器

（5）爆燃传感器（见图 2-111）。发动机工作时的最佳点火提前角与发动机的爆燃曲线极其接近，所以发动机工作时可能发生爆燃。爆燃传感器可以检测到这一信号，并输入控制器，以便在发动机发生爆燃时推迟点火提前角。

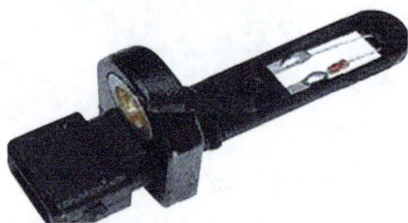

图 2-110　冷却水温度传感器　　　　　图 2-111　爆燃传感器

（6）怠速及超速燃油阻断开关（见图 2-112）也称怠速控制阀，安装在节气门总成的底部，将怠速时节气门关闭的电压信号输入控制器，作为怠速点火时刻控制和怠速转速控制的依据，也作为发动机怠速状态超速运转时切断燃油供给的依据。

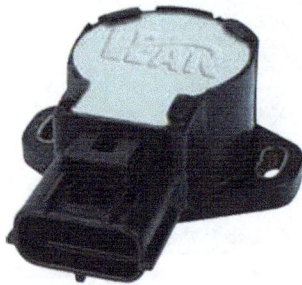

（7）节气门位置传感器（见图 2-113）也称全负荷节气门开关，安装在节气门总成的顶部，将发动机全负荷时节气门开度位置的信号输入控制器，用于发动机全负荷时点火时刻控制和混合气加浓控制。

图 2-112　怠速控制阀　　　　　　　图 2-113　节气门位置传感器

📖 任务四　了解点火系控制元件的组成及功能

一、点火控制器是由哪些元件组成的？

微机点火控制系统的控制器也称汽车电脑—ECU。

它由微处理器（CPU），存储器（ROM、RAM），输入 / 输出接口（I/O），模 / 数转换器（AD）以及整形、驱动等大规模集成电路组成，如图 2-114 所示；或将具有以上功能的各元件制作在同一个基片上，形成汽车专用的大规模集成电路芯片——车用单片微型机，简称单片机。

二、控制器中的元件有哪些功能？

在控制器中，微处理器是控制器的核心部分，它具有运算与控制的功能，如图 2-115 所示。发动机运行时，微处理器采集各传感器输入的信号，进行运算，并将运算的结果转变为控制信号，控制被控对象的工作，它还实行对存储器、输入 / 输出接口和其他外部电路的控制；存储器用来存放实现过程控制的全部程序，还存放通过大量试验获得的数据，例如，发动机在各种转速和负荷时的最佳点火提前角、一次电路通过时间及其他有关数据，以及运算的中间结果；I/O 接口用来协调微处理器与外部电路之间的工作；A/D 转换器将传感器输入的称为模拟信号的电流或电压信号，转变为计算机能接受的数字信号；整形电路可以将传感器输入的信号转变为理想的波形；驱动电路则将计算机发出的控制信号加以放大，以便驱动点火控制器等执行机构的工作。

图 2-114　微机控制器

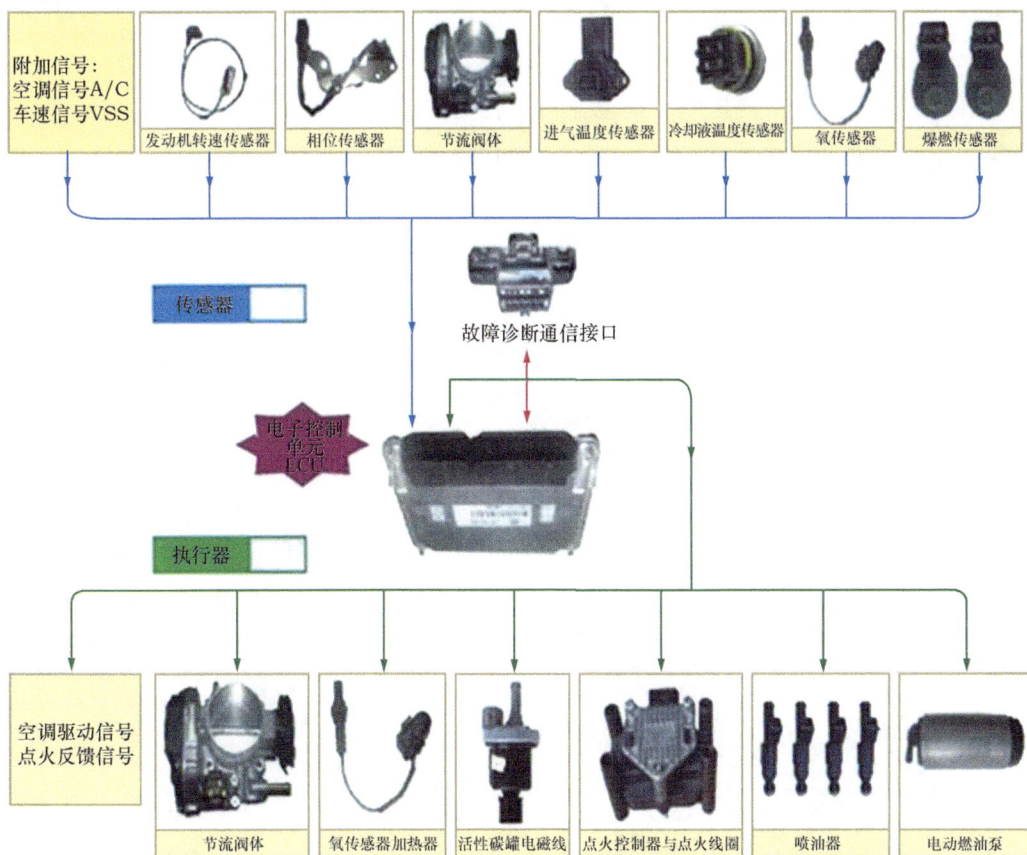

| 附加信号：空调信号A/C 车速信号VSS | 发动机转速传感器 | 相位传感器 | 节流阀体 | 进气温度传感器 | 冷却液温度传感器 | 氧传感器 | 爆燃传感器 |

传感器

故障诊断通信接口

电子控制单元 ECU

执行器

| 空调驱动信号 点火反馈信号 | 节流阀体 | 氧传感器加热器 | 活性碳罐电磁线 | 点火控制器与点火线圈 | 喷油器 | 电动燃油泵 |

图 2-115　微机元件连接图

三、微机控制（ECU）点火系的工作过程有什么优点？

发动机工作期间，各传感器分别将每一瞬间的发动机转速、负荷、冷却水的温度、节气门的状态以及是否发生爆燃等与发动机工况有关的信号，经接口电路输入控制器。控制器根据发动机转速和负荷信号，按存储器中存放的程序以及与点火提前角和一次电路导通时间有关的数据，计算出该工况对应的最佳点火提前角和一次电路导通时间，并根据冷却水温度加以修正。最后根据计算结果和点火基准信号，在最佳的时刻向点火控制电路和点火线圈发出控制信号，接通点火线圈的一次电路，使一次电流迅速下降到零，在点火线圈的二次绕组中产生高压电，并经配电器送往火花塞，点燃混合气，如图2-116 所示。

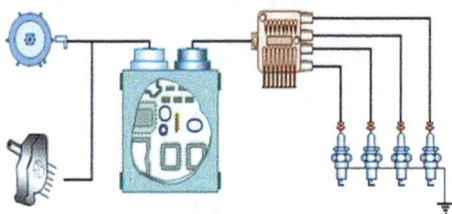

图 2-116　微机控制点火元件图

发动机工作期间，如果发生爆燃，爆燃传感器输出的电压信号输入控制器，控制器将点火时刻适当推迟；爆燃消除后再将点火点逐渐移回到最佳点，实现了点火提前角的闭环控制。

由此可见，采用微机控制点火系，对于提高发动机的动力性、经济性，减少排气污染等都十分有效。因此，微机控制点火系在现代汽车的汽油发动机上已得到广泛的应用。

四、汽车点火系电源从哪里来？

汽车上的点火系及全车电气设备的电源，由蓄电池（见图2-117）、发电机（见图2-118和图2-119）及其调节器（见图2-120）组成。

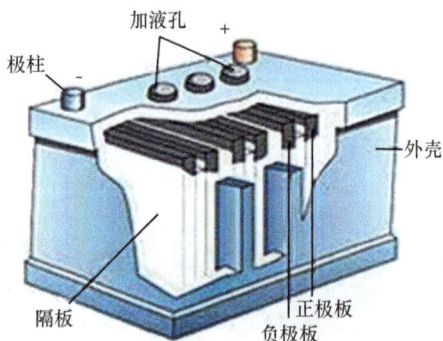

极柱　加液孔　+　
极柱　-　
外壳
隔板
正极板
负极板

图 2-117　蓄电池结构

图 2-118　交流发动机

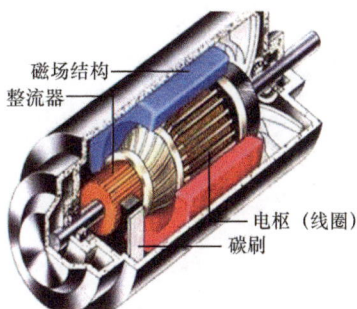

磁场结构
整流器
电枢（线圈）
碳刷

图 2-119 直流发动机构造

图 2-120 调节器

在发动机正常工作的情况下，发电机向点火系及其他用电设备供电，并同时向蓄电池充电。当汽车上的用电设备耗电量过大，所需功率超过发电机的额定功率时，蓄电池和发电机同时向点火系等全部用电设备供电。当发动机低速运行时，发电机不发电或发出的电压低，此时点火系及其他用电设备所需的电能完全由蓄电池供给。在发动机起动时，起动机、点火系、仪表等主要用电设备所需要电能也由蓄电池供给。

思考题

1. 传统点火系和现代点火系有哪些方面的区别？
2. 简述微机控制（ECU）的工作过程。
3. 汽车点火电源有哪些？各有什么特点？

课题八 起动系
Starting system

发动机必须依靠外力带动曲轴旋转后，才能进入正常工作状态，通常把汽车发动机曲轴在外力作用下，从开始转动到怠速运转的全过程，称为发动机的起动。起动系的作用就是供给发动机曲轴足够的起动转矩，以便使发动机曲轴达到必需的起动转速，使发动机进入自由运转状态。当发动机进入自由运转状态后，便立即停止工作。

任务一 了解发动机起动应具备的条件

一、发动机是如何起动的？

为了使静止的发动机开始进入工作状态，必须先用外力转动发动机的曲轴，使气缸内吸入可燃混合气，并将其压缩、点燃，混合气燃烧、膨胀产生强大的动力，推动活塞向下运动并带动曲轴旋转，使发动机自动进入工作循环，如图 2-121 所示。

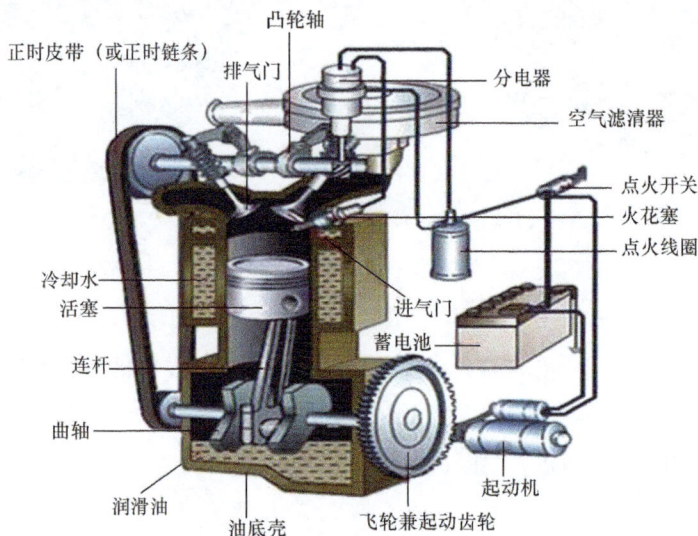

图 2-121　单缸发动机总体结构

二、发动机起动应该具备哪些条件？汽油机和柴油机有什么区别？

发动机起动时，必须克服气缸内被压缩的气体阻力、发动机本身的机件及其附件内相对运动零件之间的摩擦阻力。克服这些阻力所需要的转矩，称为起动转矩。

能使发动机起动所必需的曲轴转速，称为起动转速。

车用汽油发动机在温度为 0℃～20℃时，最低起动转速一般为 30～40r/min。为了使发动机能在更低的温度下顺利可靠的起动，要求起动转速为 50～70r/min。若起动转速过低、气体的流速过低、压缩行程的热量损失过大，将使汽油雾化不良，气缸内的混合气不易着火，所以汽油机是通过火花塞点燃着火的。

对于车用柴油机，为了防止气缸漏气和热量散失过多，以保证压缩终了时气缸内有足够的压力和温度，还要保证喷油泵能建立起足够的喷油压力，使气缸内形成足够强的空气涡流。柴油机要求的起动转速较高，达 150～300r/min，否则柴油机雾化不良，混合气质量不好，发动机起动困难。此外，柴油机的压缩比汽油机大，其起动转矩也大，所以柴油机所需的起动功率大，是由压缩升温自然着火的。

任务二 掌握起动系的组成及发动机起动方式

一、起动系由哪些部件组成?

起动系是用来起动发动机,使发动机由静止状态转入运动状态的一个组成部件,如图 2-122 所示。它是由电源、点火开关、起动继电器、起动机(见图 2-123)等组成,其中起动机是起动系的重要部件。

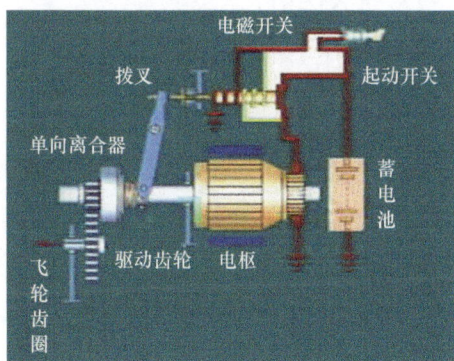

图 2-122 起动系部件连接图

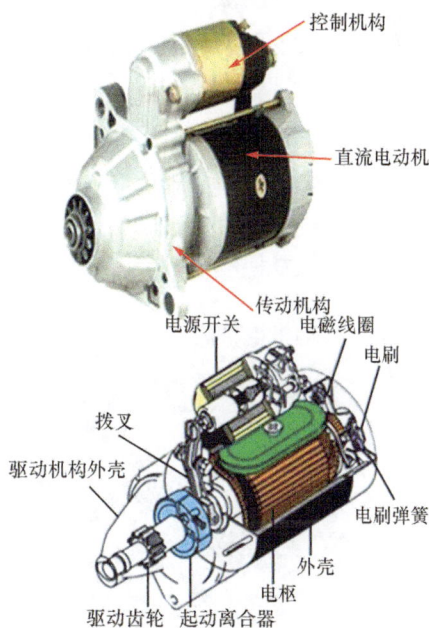

图 2-123 起动机结构图

二、汽车发动机起动方式有哪些?

发动机常用的起动方式有人力起动、电力起动机起动和辅助汽油机起动等多种形式。

(1)人力起动即手摇起动或绳拉起动,其结构十分简单,如图 2-124 所示。

(2)辅助汽油机起动装置体积大、结构复杂,只用于大功率柴油机的起动。

(3)电力起动机起动(见图 2-125)以电动机作为动力源,当电动机轴上的驱动齿轮与发动机飞轮周缘上的环齿啮合时,电动机旋转而产生的动力,通过飞轮传递给发动机的曲轴,使曲轴旋转、发动机起动。电动机以蓄电池为电源,结构简单、操作方便、起动迅速而可靠。目前,几乎所有的汽车发动机都采用电力起动机起动。

图 2-124　手摇起动

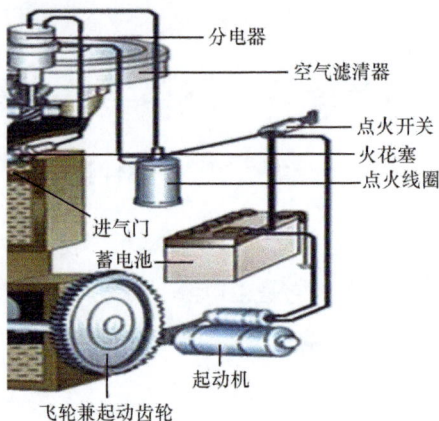

分电器
空气滤清器
点火开关
火花塞
点火线圈
进气门
蓄电池
起动机
飞轮兼起动齿轮

图 2-125　电力起动机起动

📖 任务三　了解电力起动机的构造及造成冷起动困难的因素

一、电力起动机由哪几部分构成？各部分起什么作用？

电力起动机由直流电动机、控制机构、传动机构组成，如图 2-126 所示。

图 2-126　起动机结构

（1）**直流电动机**在直流电压的作用下产生旋转力矩。

（2）**控制机构**控制起动机主电路的通、断和驱动齿轮的移出与退回。

（3）**传动机构**安装在电动机电枢的延长轴上，用来在起动发动机时，将驱动齿轮与电枢轴连成一体，并使驱动齿轮沿电枢轴移出与飞轮环齿啮合，将起动机产生的电磁转矩传递给发动机的曲轴，使发动机起动；发动机起动后，飞轮转速提高，带着驱动齿轮高速旋转，将使电枢轴超速旋转而损坏，因此在发动机起动后，驱动齿轮转速超过电枢轴转速时，传动机构应使驱动齿轮与电枢轴自动脱开，防止电动机超速。为此，起动机的传动机构必须具有超速保护装置。

二、汽车需要在起动前预热吗？

在寒冷地区和严寒季节起动发动机时，由于机油黏度增高，起动阻力矩增大，同时燃料汽化性能变坏，蓄电池的工作性能降低，使发动机起动困难。为此，在冬季应设法将进气、润滑油和冷却水加以预热，如图 2-127 所示。

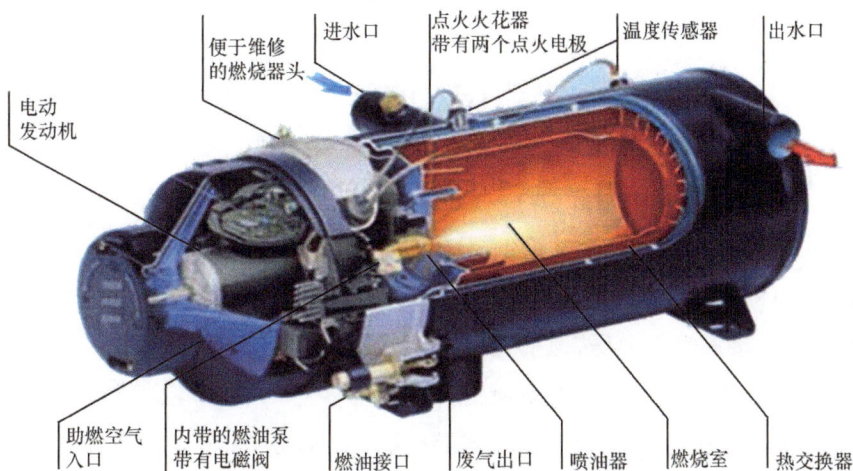

便于维修
的燃烧器头　　进水口　　点火火花器　　温度传感器　　出水口
　　　　　　　　　　　　带有两个点火电极

电动
发动机

助燃空气　内带的燃油泵　　燃油接口　　废气出口　　喷油器　　燃烧室　　热交换器
入口　　带有电磁阀

图 2-127　起动预热装置构造

柴油机冬季起动更为困难。为了使车用柴油机在冬季能迅速可靠地起动，必须预热，一般采用一些可以改善燃料着火条件和降低起动转矩的辅助装置，如电热塞、进气预热器、起动预热锅炉、起动液喷射装置以及起动减压装置等。

思考题

1. 汽车起动系由哪些部件组成？
2. 起动机由哪些部分组成？试说明各组成部件的作用。
3. 汽车起动方式有哪些？在不影响起动机功率和转矩的情况下，如何减小起动机的体积和重量？
4. 为什么在冷起动时需要预热呢？

课题九　汽车发动机新技术、新能源的应用
New energy vehicles

新型车用发动机当前在车用动力中占统治地位，是在原来传统发动机的基础上进行新技术的应用，以解决能源短缺、环境污染和生态失衡等人类最为关注的三大社会问题为目的而创制的新型动力装置。电控技术的应用，解决了动力性、排放性、经济性的问题。为了提高燃油利用效率发动机在进气系统做了很大的改进，为了使发动机动力性能提高，燃油喷射方式也发生了改变。同时在驱动方式上也有了较大的改进，混合动力、纯电动驱动将为汽车工业的发展做出更大的贡献。

任务一　了解发动机新技术的应用

一、什么是缸内直喷，其有何优势？

传统的发动机采用的是将燃油喷入进气道中，和空气在进气道中混合后，以可燃混合气的形式被吸入燃烧室。而燃油缸内直喷这一技术是用来改善传统汽油发动机供油方式的不足而研制的缸内直接喷射技术，先进的直喷式汽油发动机（见图 2-128）采用类似于柴油发动机的供油技术，通过一个活塞泵提供所需的 10MPa 以上的压力，将汽油提供给位于气缸内的电磁喷射器（见图 2-129）。然后通过电脑控制喷射器将燃料在最恰当的时间直接注入燃烧室，其控制的精确度接近毫秒，其关键是考虑喷射器的安装，必须在气缸上部留给其一定的空间，如图 2-130 所示。汽油直接喷入燃烧室，通过均匀燃烧和分层燃烧，使燃烧更完全、更充分、更准确，可降低燃油消耗，提高动力性及经济性，从而达到了提高发动机最大功率输出的效果。

燃油缸内直喷的优势是：可以根据气缸吸入空气量，按照基准的空燃比精确地控制燃油的喷射量，使燃油与空气同步进入气缸并充分雾化混合，使符合理论空燃比的混合气均匀地充满燃烧室。充分的燃烧可使发动机动力得到淋漓尽致的发挥，在获得高动力输出的同时，保持较低的燃油消耗，提高了发动机的动力性和经济性。

图 2-128　燃油缸内直喷发动机构造

图 2-129　喷油器喷油示意图

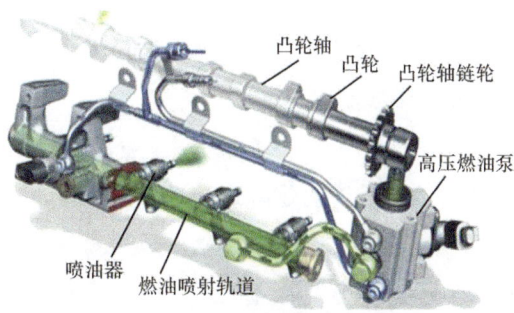

空气
火花塞
喷油器
进气门
燃烧室
活塞
喷油器

图 2-130　燃油缸内直喷发动机喷射系统构造

凸轮轴
凸轮
凸轮轴链轮
高压燃油泵
喷油器
燃油喷射轨道

各厂商缸内直喷技术英文缩写：大众：TSI；奥迪：TFSI；梅赛德斯 - 奔驰：CGI；宝马：GDI；通用：SIDI；福特：GDI。

二、涡轮是如何进行增压的？

涡轮增压（Turbocharger）发动机是指利用废气冲击涡轮来压缩进气的增压发动机，简称 Turbo 或 T，如图 2-131 所示。涡轮增压的英文名字为 Turbo，一般来说，如果我们在轿车尾部看到 Turbo 或者 T，即表明该车采用的发动机是涡轮增压发动机了。相信大家都在路上看过不少这样的车型，譬如奥迪 A6 的 1.8T、帕萨特 1.8T、宝来 1.8T 等。

图 2-131　涡轮增压发动机结构原理图

排气歧管
废气排出
涡轮叶片
压缩机叶片
清新空气
空气滤清器

涡轮增压的主要作用就是提高发动机进气量，从而提高发动机的功率和扭矩，让车子更有劲。一台发动机装上涡轮增压器后，其最大功率与未装增压器的时候相比可以增加40%甚至更高。这样也就意味着同样一台的发动机在经过增压之后能够产生更大的功率。就拿我们最常见的 1.8T 涡轮增压发动机来说，经过增压之后，动力可以达到 2.4L 发动机的水平，但是耗油量却并不比 1.8L 发动机高多少，在另外一个层面上来说就是提高燃油经济性和降低尾气排放。

不过在经过了增压之后，发动机在工作时候的压力和温度都大大升高，因此发动机寿命会比同样排量没有经过增压的发动机要短，而且机械性能、润滑性能都会受到影响，这样也在一定程度上限制了涡轮增压技术在发动机上的应用。

这种涡轮增压发动机是利用发动机排放出废气的能量，冲击装在排气系统中的涡轮，使之高速旋转，通过一根转轴带动进气涡轮以同样的速度高速旋转使之压缩进气，就好像打铁时的风箱一样，强制地将增压后的进气压送到气缸中，提高了气缸的充气效率，如图 2-132 所示。由于发动机输出功率与进气量成正比，因此可提高发动机功率。它利用的是发动机排出的废气，所以，整个增压过程基本不会消耗发动机本身的动力。

涡轮增压（见图 2-133）拥有良好的加速持续性，用通俗的话说就是后劲十足，而且最大转矩输出的转速范围宽广，转矩出现平直，但低速时由于涡轮不能及时介入，从而导致动力性稍差。大众汽车涡轮增压发动机结构如图 2-133 所示。菲亚特涡轮增压发动机结构图如图 2-134 所示。

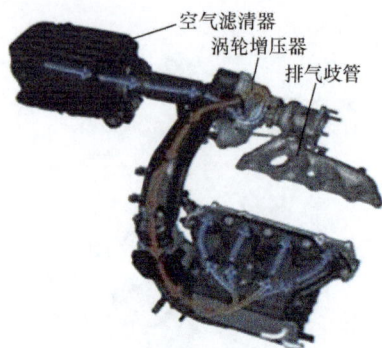

图 2-132　涡轮增压发动机空气流动示意图

图 2-133　大众汽车涡轮增压发动机结构

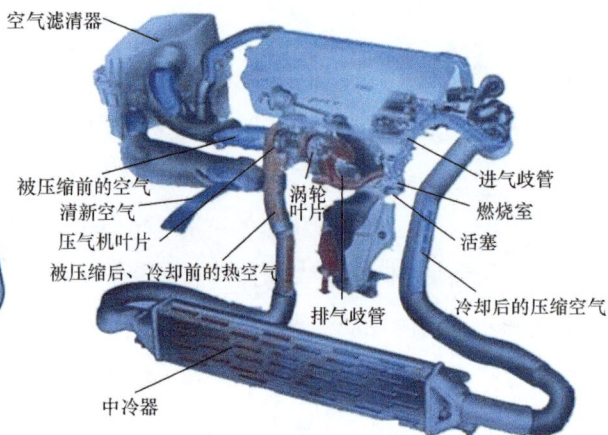

图 2-134　菲亚特汽车涡轮增压发动机结构

三、什么是机械增压？

与涡轮增压相比，机械增压（Supercharger）的原理则完全不同，机械增压发动机构造如图 2-135 所示。它并不是依靠排出的废气能量来推动压缩机运转来达到增压进气，机械增压器（见图 2-136）安装在发动机上并由皮带与发动机曲轴相连接，从发动机输出轴获得动力来驱动增压器的转子旋转，从而将空气增压吹到进气歧道里，如图 2-137 所示。

机械增压器的特性刚好与涡轮增压相反，由于机械增压器始终在"增压"，因此在发动机低转速时，其转矩输出就十分出色。另外，由于空气压缩量完全是按照发动机转速线性上升的，整个发动机运转过程与自然吸气发动机极为相似，线性加速，没有涡轮增压发动机涡轮介入那一刻的唐突，也没有涡轮增压发动机的低速迟滞。但由于高转速时机械增压器对发动机动力的消耗巨大，因此在高转速时，其作用就不太明显。

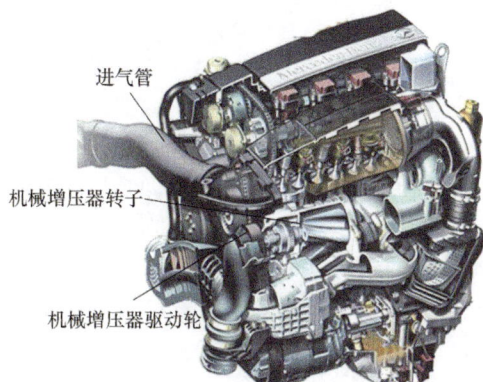

进气管

机械增压器转子

机械增压器驱动轮

图 2-135 机械增压发动机构造

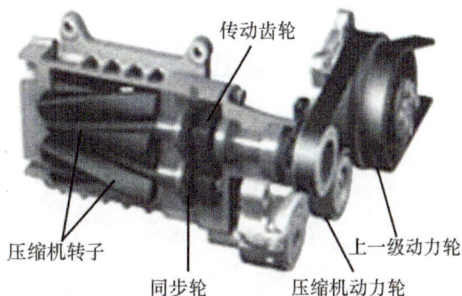

传动齿轮

压缩机转子

同步轮

压缩机动力轮

上一级动力轮

图 2-136 机械增压器构造

四、什么是双增压器呢?

涡轮增压与机械增压一直是汽车厂家研发的发动机主要增压方式，两者的优劣无法简单去评判，涡轮增压的作用在中高速时明显，而机械增压则在中低速时作用更大。大众汽车在 2005 年装备在高尔夫 GT 车上的 1.4 升 TSI 发动机就是双增压发动机，如图 2-138 所示。这台双增压发动机在进气系统上安装一个机械增压器，而在排气系统上安装一个涡轮增压器，从而保证在低速、中速和高速时都能有较佳的增压效果，如图 2-139 所示。

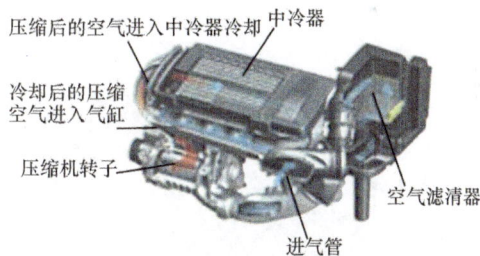

压缩后的空气进入中冷器冷却 中冷器

冷却后的压缩空气进入气缸

压缩机转子

空气滤清器

进气管

图 2-137 机械增压发动机进气示意图
红色——温度较高的空气；蓝色——温度较低的空气

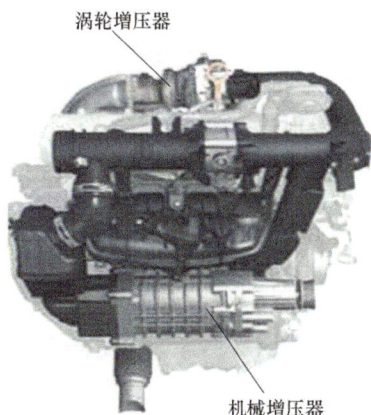

涡轮增压器

机械增压器

图 2-138 双增压发动机构造

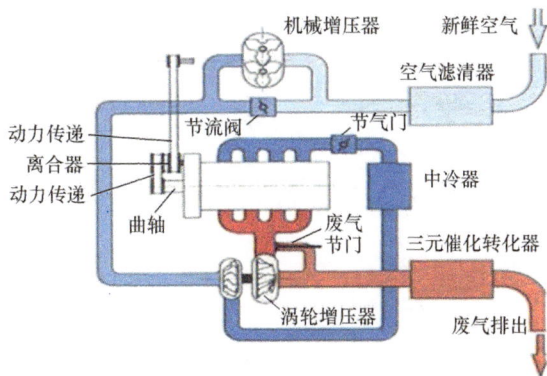

机械增压器 新鲜空气

空气滤清器

动力传递

离合器

动力传递

曲轴

节流阀 节气门

中冷器

废气节门

三元催化转化器

涡轮增压器

废气排出

图 2-139 机械增压和漩涡增压器示意图

在一台发动机上采用两个涡轮增压器，也称为双增压发动机，如图 2-140 所示的宝马 3.0 L 双涡轮增压发动机，就是采用两个涡轮增压器。

五、转子发动机是怎样的一种工作过程？

图 2-140　宝马双增压发动机

转子式发动机又称活塞旋转式发动机，如图 2-141 所示。它是活塞在气缸内做旋转运动的内燃机。与转子发动机相对的就是我们常见的活塞往复式发动机，活塞做往复运动。转子发动机的活塞呈扁平三角形，如图 2-142 所示，气缸是一个扁盒子，活塞偏心地置于空腔中。当活塞在气缸内做行星运动时，工作室的容积随活塞转动做周期性的变化，从而完成进气→压缩→做功→排气 4 个行程。活塞每转一次，完成一次四行程工作循环。

转子发动机主要部件构造简单、体积小、功率大、高速时运转平稳、性能较好，曾引起汽车制造行业的注意，许多汽车厂家纷纷进行研制实验。但经过几十年的实验，证明这种机型尚无法与传统活塞往复式发动机相匹敌，原因是燃油消耗极高。现在只有马自达 RX-8 在采用转子发动机。

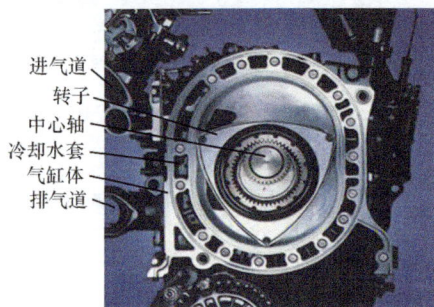

图 2-141　转子式发动机构造

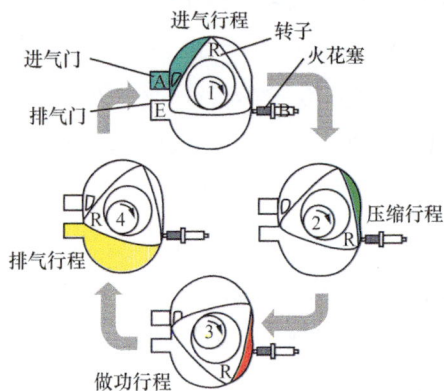

图 2-142　转子发动机工作原理图

📖 任务二　了解现代汽车发动机使用的新能源

一、什么是车用混合动力发动机？

混合动力汽车一般为油电混合，就是由燃油发动机和电动机共同为汽车提供动力，如图 2-143 所示。它能利用减速、制动、下坡时回收能量，并通过电动机来为汽车提供动力，同时还可以短暂停车时，让燃油发动机熄火，因此它的燃油消耗较低，如图 2-144 所示。作为省油的代价是汽车价格较高。混合动力系统可以分为：微混合动力系统、轻混合动力（见图

2-145)、中混合动力、强混合动力（见图 2-146）。另外根据混合动力驱动的联结方式，混合动力系统还可以分为串联式混合动力系统、并联式混合动力系统、混联式混合动力系统。

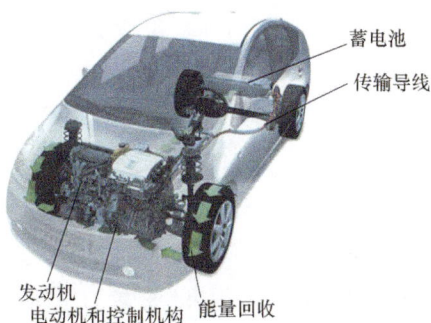

蓄电池
传输导线

发动机
电动机和控制机构　能量回收

图 2-143　油电混合动力汽车原理图

图 2-144　奥迪 Q5 混合动力车型

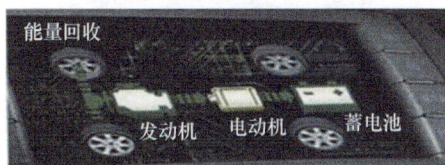

能量回收

发动机　电动机　蓄电池

图 2-145　轻混合动力汽车

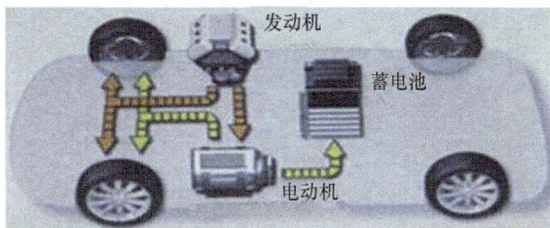

发动机

蓄电池

电动机

图 2-146　强混合动力汽车

强混合动力车采用大功率电动机（见图 2-147），尽量缩小发动机的排量，在起步或低速时，可以单纯依靠电力行驶，但在路况、车辆载重、加速踏板深度等综合因素的影响下，发动机会随时介入工作。电动机除提供车轮所需的动力，也兼具备动能回收功能，当制动或减速时，就会自动将动能转为电能，储存到蓄电池中，如图 2-148 所示。

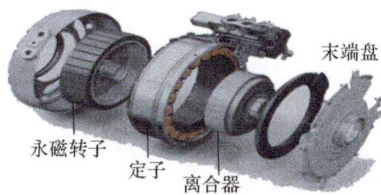

末端盘

永磁转子
定子　离合器

图 2-147　奥迪 Q5 混合动力车型电动机

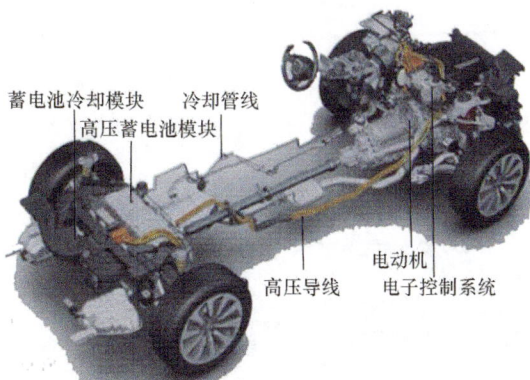

蓄电池冷却模块　冷却管线
高压蓄电池模块

电动机
电子控制系统
高压导线

图 2-148　奥迪 Q5 混合动力车型底盘和动力系统

轻混合动力车的主动力是燃油发动机，电动机只作为辅助动力起作用，不能单独驱动车辆。最大的特点就是发动机能够在车辆停止时自动停止运转，并能在减速、制动时进行能量再生和回收，可用最低成本实现混合动力的最大效率。

二、双燃料轿车怎样完成燃料切换？

以宝马氢动力 7 系轿车（见图 2-149）为例：它装备了一台特别设计的 6.0 升 V12 发动机（见图 2-150），既能使用汽油，也能使用液氢。它除配有一个容量为 74L 的普通燃油箱外，还配有一个额外的燃油罐，可容纳约 8kg 的液态氢。双模驱动为氢动力 7 系提供了超过 700km 的总行驶里程（氢驱动 200km 以上，汽油驱动 500km）。驾驶人可以通过多功能转向盘上一个单独的按钮，手动完成从氢动力到汽油动力模式的切换。如果一种燃料用尽，系统将会自动进入到另一种燃料的使用模式，保证燃料的供应持续而可靠。

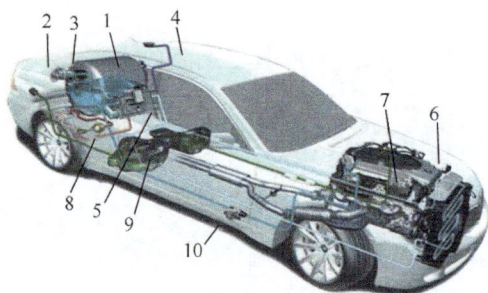

图 2-149　宝马氢动力汽车构造图

1—液氧燃料罐；2—液氧燃料罐盖；
3—液氧燃料罐连接口；4—低压电安全接线；
5—热能交换器；6—氧汽油双燃料发动机；
7—氧燃料喷射轨道；8—防蒸发管理系统；
9—燃油箱；10—压力控制阀

图 2-150　双燃料发动机

三、插电式混合动力会成为未来的汽车发展趋势吗？

对于混合动力车型来说，发动机一直是处于强势地位，即使是强混合动力车，相匹配的电动机也只是起到辅助作用。车上的动力来源只能是到加油站去加油。能不能让电动机反客为主呢？不再依赖于加油站与汽柴油燃料，而是主要靠充电来完成能源补充，从而让电能成为车型的主要动力，这是插电式混合动力的研发思路。这种插电式混合动力汽车（见图2-151），甚至可以使用家用电源为其充电。虽然它仍是混合动力，但电能已占主导地位，现在已经制造出了纯电动汽车，很多国家已经在推广运用。

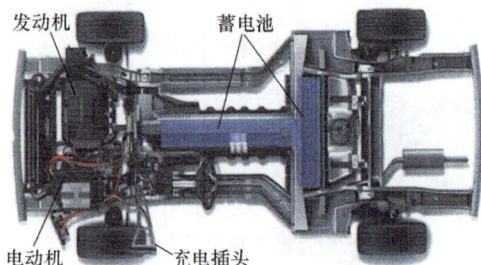

图 2-151　插电式混合动力汽车构造

四、汽车排量可以变化吗？

为了获得较大的动力，就得将发动机排量设计得非常大。然而这样做的后果是燃油消耗也增加许多，尤其是在不需要这么大的动力时，其油耗浪费较为严重。排量可变技术则可解决这个问题。如图 2-152 和图 2-153 所示，在不需要强大动力时，如在低速行驶、怠速停车等情况下，可将部分气缸停止工作，具体办法是

6-4-3缸模式

6缸　4缸　3缸

一台6缸可变排量发动机，根据行驶情况可以变为4缸或3缸发动机

图 2-152　可变排量气缸变化原理示意图 1

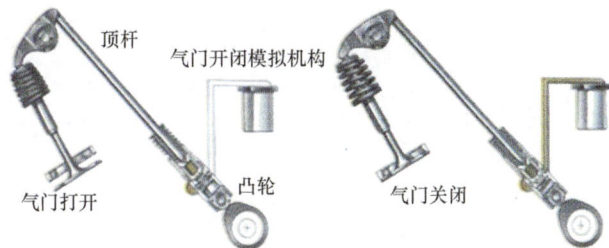

关闭它的进气门和油路。当需要较大动力时，再恢复原来正常工作状态，而且这一切都是在驾驶人察觉不到的状态下自动完成的。

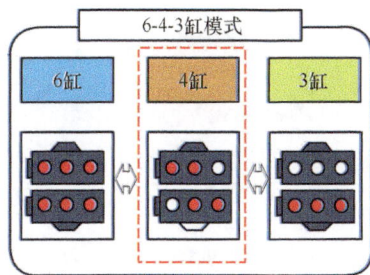

顶杆
气门开闭模拟机构
气门打开　凸轮　气门关闭

(a) 当进气门没有关闭时，气缸仍在工作　(b) 当进气门关闭时，气缸停止工作

图 2-153　可变排量气缸变化原理示意图 2

五、什么是增程式电动汽车？

奥迪 A1e-tron 增程式电动车（见图 2-154）完全依靠动力驱动，输出功率达 75kW（102 马力），在市区的行驶里程可超过 50 公里。行驶过程中当蓄电池的电能耗尽时，可通过一个非常紧凑的增程式发动机来驱动发动机发电（见图 2-155），从而能对蓄电池重新充电，可使 A1e-tron 的行驶里程再增加 200 公里。A1e-tron 百公里平均耗油量仅为 1.9L。

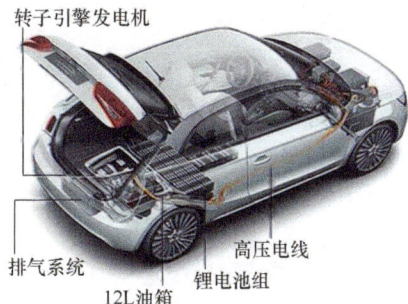

转子引擎发电机
排气系统
12L油箱
高压电线
锂电池组

图 2-154　奥迪增程式电动车

锂电池组
驱动电动机
充电电动机
发动机

图 2-155　发动机驱动电机结构

六、什么是燃料电池汽车?

首先,燃料电池汽车属于电动汽车的一种,它没有燃油发动机,只依靠电动机来驱动汽车前进。

其次,与充电式电动汽车不同的是,它的电力来自它自身的燃料电池反应堆,利用车载氢罐中的氢进行"发电",然后向电动机提供电能,如图 2-156 所示。

燃料电池汽车的特点是:续航里程较长(不用担心蓄电池没电),但由于氢的来源和存放较困难,而且成本较高,因此大批量投入实际应用还比较困难。梅赛德斯—奔驰 B 级燃料电池汽车构造如图 2-157 所示。

图 2-156　燃料电池汽车标示图

图 2-157　梅赛德斯—奔驰 B 级燃料电池汽车构造图

任务三　了解纯电动汽车的基本构造

一、什么是纯电动汽车?

纯电动汽车是完全由可充电电池(如铅酸电池、镍氢电池、锂离子电池、锂聚合物电池、磷酸铁锂电池)提供动力源的汽车,完全区别于混合动力汽车。它是由蓄电池提供给电动机动力,电动机带动车轮行驶。

代表车型——电动版朗逸,如图 2-158 所示。

1．性能

电动版高尔夫和电动版朗逸的动力系统完全相同,其电动发动机的最高功率为 85kW(115 马力),连续输出功率为 50kW(69 马力),最大扭矩为 270N·m。电池系统是由以 180 个锂离子电池单元组成的 30 个电池模块组成,容量为 26.5kW 时,从静止到时速 100km 的加速时间仅 11.8s,行驶里程可达 150km。而电动版朗逸,从静止加速到 100km/h 用时约 11s,最高时速可达 130km/h。

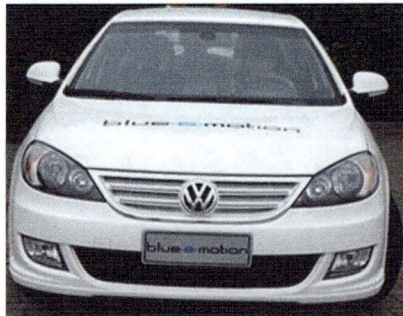

图 2-158　电动版朗逸汽车

2．结构

电动版高尔夫的蓄电池系统安装于后备箱下面空间的底部（后备箱总容积 237L），后排座椅下面以及前后排座椅之间下面空间的底部。

电动版朗逸的蓄电池通过专用的电池框架分别固定在乘员舱地板下及后备箱内。

电动发动机舱和传统发动机舱有较大区别，电动机位于发动机舱底部，如图 2-159 所示。

图 2-159　纯电动汽车电动机的位置

3．驾驶模式

电动版高尔夫有 3 种驾驶模式，如图 2-160 所示。

（1）"舒适"模式下，电动机可提供 85kW 的全负荷最大功率。

（2）"正常"模式下，电动机的最大功率则被限定在 65kW。

图 2-160　电动版高尔夫 6 的变速器箱

（3）"行程"模式下，电动机的最大输出功率被限定在 50kW，空调系统也被完全关闭。

电动版朗逸的挡位除了大家熟悉 P/R/N/D 以外还增加了同样具备前进挡功能的 B 挡，但是和 D 挡不同的是 B 挡增加了滑行状态下的能量回收，B 挡状态下的滑行距离较短。另外除了 B 挡以外还增加了 D1/D2/D3 挡，3 个挡位决定能量回收的多少，如图 2-161 所示。

图 2-161　电动版朗逸的变速箱

4．充电方式

蓄电池可以通过家用 220/230V 电源直接充电，根据蓄电池情况的不同，充电时间最长需要 7h，如图 2-162 所示。如果连接 340/400V 电源，充电时间明显缩短，只要 3.5h。现在我们国家已经建立了公用汽车充电站，

图 2-162　充电示意图

充电时间仅需 1h，最高一次充电可行驶 260km，完成一次充电费用只需 30 元左右。特别说明：最新发布的比亚迪 E6 纯电动汽车充电一次，最高续航里程可达 350km，售价近 30 万元。

二、电动汽车的核心部分由哪些部件组成？

1．电动机

连接蓄电池与直流电动机的是一个简单的直流控制器。如果驾驶员将油门踏板踩到

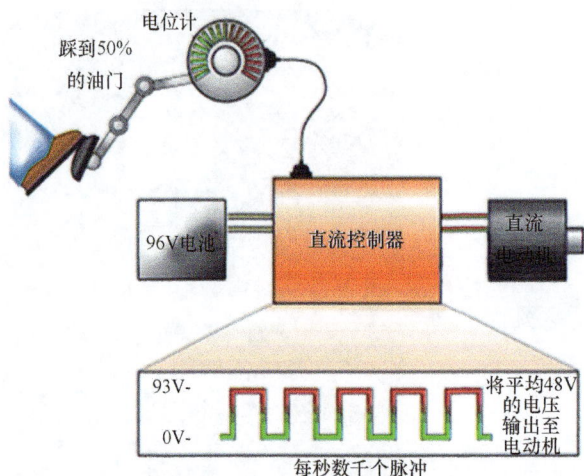

图 2-163　电动汽车电动机控制示意图

底，则此控制器会将来自蓄电池的全部 96V 电压传送到电动机。如果驾驶员将脚从油门上移开，则此控制器不会向电动机传送电压。对于这二者之间的任何设置，控制器每秒钟会将 96V 电压"切掉"几千次以获得介于 0～96V 的平均电压，如图 2-163 所示。

2．马达的控制器

控制器从蓄电池获取电力并将其传送给电动机。油门踏板与一对电位计（可变电阻器）相连，这些电位计会发出信号以告知控制器其认为可能传送的电力。控制器可以不传送电力（当停止汽车时）、传送全部电力（当驾驶员将油门踏板踩到底时）或介于这二者之间的任何电力级别。

当打开发动机罩时，首先映入眼帘的就是控制器，如图 2-164 所示，标有"U.S. Electricar"的盒子就是这辆电动汽车的电压为 300V、功率为 50kW 的控制器。

在这辆汽车中，控制器将从电池组获取 300V 的直流电，它会将获取的直流电转换为最多 240V 的交流电（三相）以发送给电动机。控制器通过使用大功率晶体管和逆变变频器来做到这一点，晶体管可以快速打开或关闭蓄电池电压产生修正正弦波，只有在晶体管放大状态下才能产生纯正弦波。

当驾驶员踩下油门踏板时，踏板的缆线会连接到两个电位计（见图 2-165）：来自电位计的信号将告知控制器向电动汽车的电动机传送的电力数。为了安全起见，电动汽车中安装了两个电位计。控制器将读取这两个电位计并确保二者的信号相同。如果二者的信号不同，则控制器不会运行。这样安排是为了预防一个电位计在全满位置时失效的情况发生。

图 2-164　控制器

图 2-165　电位计发送信号示意图

如图 2-166 所示，粗的电缆（左侧）用于连接蓄电池组合控制器。中间是一个非常大的闭合开关。右侧的一束小的电线用于传送由蓄电池之间的电位计提供的信号，并为用于保持蓄电池处于冷却和通风状态的风扇提供电力。

图 2-166

控制器在直流电电动汽车中的作用很容易理解。让我们假定蓄电池组包含 12 个电压为 12V 的蓄电池，并用串联的方式连接在一起以产生 144V 的电压。控制器将接收 144V 的直流电，并通过可控方式将其传送给马达。最简单的直流控制器应是通过电线连接油门踏板的大的闭合开关。当踩下油门踏板时，此开关将打开；而当松开油门踏板时，此开关将关闭。作为一名驾驶员，为了保持给定的车速，必须踩下和松开油门以脉冲的方式打开和关闭电动机。显然，虽然这种开关方法可行，但是对于驾驶来说是痛苦的，因此控制器将调制脉冲。控制器会从电位计读取油门踏板的设置并相应地调整电力。让我们来谈论一下将油门踩下一半的情况。控制器会从电位计读取到此设置，并快速打开和关闭供给马达的电力，以便马达一半时间处于打开状态，另一半时间处于关闭状态。如果将油门踏板踩下四分之一，则控制器会使电力脉冲输出，以便电动机在 25% 的时间处于打开状态，75% 的时间处于关闭状态。

大多数控制器脉冲输出电力的频率超过 15000 次 /s，目的在于使脉动保持在人类听觉的范围之外（见图 2-167）。脉冲电流会导致电动机外壳按该频率振动，因此当脉冲频率高于 15000 次 /s 时，控制器和电动机对于人的耳朵来说是无声的。

在交流控制器中，这项工作会更复杂一点，但思路是一样。控制器会生成 3 段伪正弦波，并通过从蓄电池获取直流电压，

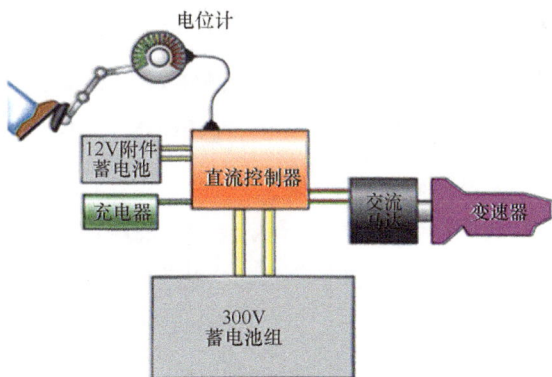

图 2-167　控制器控制蓄电池放电示意图

然后以脉冲方式打开和关闭此电压来做到这一点。在交流控制器中，还需要每秒将电压的极性反转 60 次。因此，实际上需要在交流控制器中使用 6 组晶体管，而只需在直流控制器中使用一组晶体管。在交流控制器中，对于每一相，需要一组晶体管来脉冲输出电压，并需要另一组晶体管来反转极性。由于对三相要重复 3 次操作，因此共需要 6 组晶体管。

电动汽车中使用的大多数直流控制器来自电力叉车行业。Hughes 交流控制器与 GM/Saturn EV-1 电动汽车中使用的交流控制器类型相同。该控制器最多可以向电动机传送 50000W 电力。

3．蓄电池

蓄电池用于给照明系统、测量系统、驱动系统提供电源。所以蓄电池应满足：比能量高；充电技

➡ 机械能流
➡ 电能流

蓄电池 ⟷ 逆变器 ⟷ 电机 ⟷ 驱动轴

蓄电池

逆变器

电机

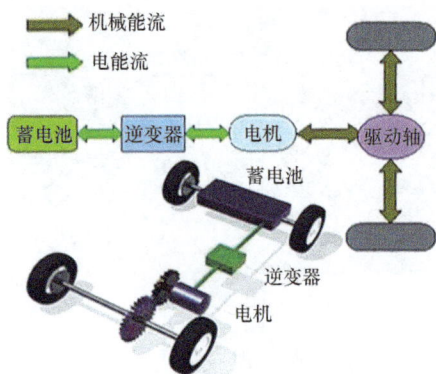

图 2-168　蓄电池连接元件图

术成熟、时间短；连续放电率高，自放电率低；适应车辆运行环境；安全可靠；长寿命、免维护的条件。

　　蓄电池通过整流和逆变器后通过变压器变压，变压器副边根据需要选择几个绕组，变压器将接收的高频交流电整流为直流，分别给照明系统、测量系统和驱动系统供电，如图 2-168 所示。测量电压装置中需要测量电路中的电压和电流（输入输出，用互感器进行测量）进行观测，还有汽车速度、电池温度等（用传感器进行测量）。

　　驱动系统使用直流电动机，其原理、电机选择和转速的控制等知识，只能作为电机爱好者的一个拓展内容，读者可查阅相关资料。

　　有的电动汽车加装太阳能板，将太阳能转化为电能储存在蓄电池中，是未来的发展方向，但是目前为止这种汽车的速度和持续行驶距离都很低，有待进一步研究。

三、电动汽车的构造和燃油汽车构造有哪些方面的改变？

　　EV 是一种最好的零污染或超低污染的车辆，它没有噪声和振动，操作性能好等，远远地优越于燃油汽车，是当前开发和研制取代燃油汽车的首选车型。EV 动力源采用蓄电池—电动机系统。

　　原来的燃油汽车的动力是由燃油发动机提供，而电动汽车的动力则由电动马达替代，电动马达从控制器获取动力，控制器从一组可充电的蓄电池获取动力。

　　汽油发动机及其油管、排气管、冷却管和进气歧管看起来就像一个管道工程。而电动汽车完全是一个布线工程。为以前从发动机获取动力的各个装置（水泵、动力转向泵和空调）增装电动马达来提供动力；为动力制动器增装真空泵（在汽车装有发动机的情况下，动力制动器会使用发动机真空）；手动变速器的换挡杆用一个伪装成自动变速器换挡杆的开关替换，以控制前进和倒退；增装了一个小的电热水器以提供热能；增装了充电器，以便能够对蓄电池进行充电。

思考题

1. 发动机缸内直喷与传统发动机喷射相比有哪些方面的优势？

2. 机械增压和涡轮增压有什么区别？

3. 混合动力汽车与增程式电动汽车有哪些实质性的区别？

4. 简述纯电动汽车马达控制器的工作过程。

5. 如何认识电动汽车从兴到衰到再度兴起的发展过程？

任务描述

1. 了解汽车底盘的基本组成。

2. 熟悉汽车底盘各部件的构造。

3. 了解汽车传动系统各部件的作用。

4. 了解行驶系中悬架的组成及作用。

5. 了解转向系中各部件的结构及作用。

6. 了解制动系中各部件的结构及作用。

7. 掌握汽车底盘四大系统的装配位置。

导　入

想象假若人没有腿和脚能行走吗？

"外面的世界很精彩"；人要想看到外面世界的变化就必须具备行动的自由，自由（已被限制人生自由的除外）的行动得益于身体的健康，腿脚的方便，否则那就只能是"虽精彩却无奈"了！您看汽车能够在陆地上行驶，其实它和人一样，是因为具备了性能良好的腿（悬架）、脚（车轮）才健步如飞，这就是我们要说到的汽车底盘。

汽车底盘的作用是：支撑、安装汽车发动机及其各部件、总成，形成汽车的整体造型，并承受发动机的动力，使汽车产生运动并按驾驶员的操作而正常行驶。

汽车底盘由传动系、行驶系、转向系和制动系 4 大部分（见图 3-1）组成。

图 3-1　汽车底盘构造示意图

课题一 汽车传动系统
Drivetrain System

如果说发动机是心脏，是动力之源，那么，传动系更像是动物的"腰部或脊椎"，是它将心脏的强大动力传递到奔跑的腿脚。每个动物的生理特性不同，奔跑方式各异，汽车传动系根据构造形式也存在差异性，使得汽车也有着不同的"行走方式或奔跑姿势"。

📖 任务一 了解汽车传动系统的作用及组成

一、传动系是怎样来完成力的传递呢？

汽车发动机与驱动轮之间的动力传递装置称为汽车的传动系。它应保证汽车具有在各种行驶条件下所必需的牵引力、车速，以及它们之间的协调变化等功能，使汽车具有良好的动力性和燃油经济性；还应保证汽车能够倒车，以及左、右驱动车轮能适应差速要求，并使动力传递能根据需要而平稳地结合或彻底、迅速地分离。汽车就是通过起动发动机由曲轴的旋转运动经飞轮和离合器摩擦片接合把力传送给变速器，改变力矩及方向传给万向装置，经主减速器和差速器减速增扭力量分解给半轴来完成发动机输出动力的，如图 3-2 和图 3-3 所示。

传动系包括离合器、变速器、万向传动装置、主减速器及差速器、半轴等部件。

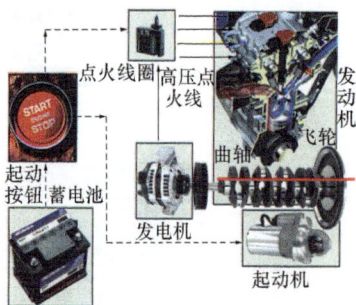

图 3-2 汽车起动和动力传递流程示意图

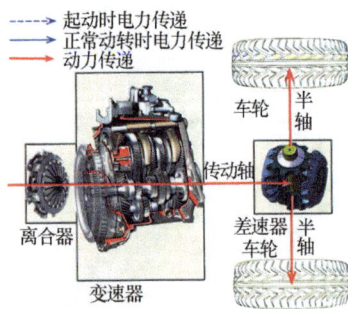

图 3-3 汽车动力传递流程示意图

二、传动系有哪几种形式？

传动系分为机械式传动系和液力机械式传动系两种。

（1）机械式传动系主要由离合器、手动变速器、万向传动装置、主减速器及差速器、半轴组成，如图 3-4 所示。

（2）液力机械式传动系主要由液力机械变速器、万向传动装置、主减速器及差速器、半轴组成，如图 3-5 所示。

图 3-4　机械式传动系统

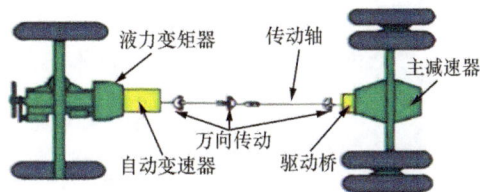

图 3-5　液力机械式传动系统

三、什么是万向节？

万向节一般位于传动轴的末端，起到连接传动轴和驱动桥、半轴和驱动桥、转动轴之间的作用，如图 3-6 和图 3-7 所示。万向节可以让传动轴在旋转的同时，在上、下、左、右 4 个方向上摆动，使动力传递更灵活。在前置后驱（FR 或 SUV）汽车上，要想将动力传递到后驱动桥上，必须将变速器输出轴与驱动桥之间进行连接。但考虑到汽车运行中路面不平产生跳动，会使变速器输出轴与驱动桥输入轴之间的夹角和距离发生变化，不能直接进行"硬连接"，要用一个"以变应变"的装置来解决这一问题，因此就有了类似肢体关节作用的万向节。

最普通的万向节是个像"十字架"的十字接头。

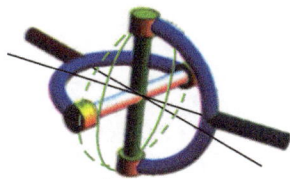

图 3-6　万向节

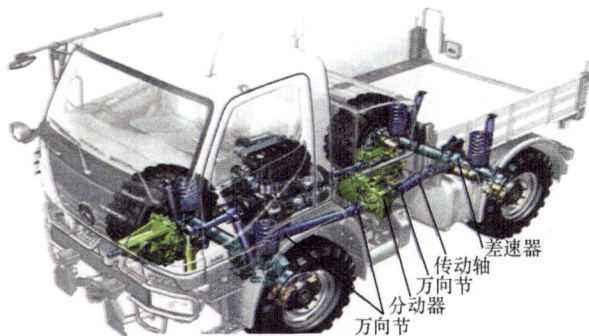

图 3-7　传动轴和方向节在汽车上的位置

四、离合器在传动系中起什么作用呢？

离合器相当于一个"动力开关"安装在发动机和变速器之间的飞轮壳内，用螺栓将离合器总成固定在飞轮的后平面上，离合器的输出轴就是变速器的输入轴。在汽车行驶过程中，驾驶人可根据需要踩下或松开离合器踏板，使发动机与变速器暂时分离和逐渐接合，以切断

或传递发动机向变速器输入的动力，如图3-8和图3-9所示。

摩擦片
膜片弹簧

离合器踏板

当不踩离合器踏板时，离合器接合并传递转矩

当踩下离合器踏板时，离合器分离并不传递转矩

图3-8　离合器工作原理示意图

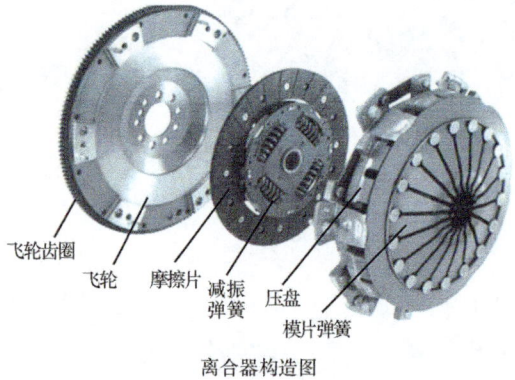

飞轮齿圈
飞轮　摩擦片　减振
弹簧

压盘
膜片弹簧

离合器构造图

图3-9　离合器构造图

依靠接触面间的摩擦作用，离合器的主动部分和从动部分之间可以暂时分离，又可逐渐接合，在传动过程中又允许两部分相互转动。

目前在汽车上广泛采用的是用弹簧压紧的摩擦离合器（简称摩擦离合器）。离合器的结构如图3-9所示。发动机发出的转矩，通过飞轮及压盘与从动盘接触面的摩擦作用，传给从动盘。当驾驶人踩下离合器踏板时，通过机件的传递，使膜片弹簧大端带动压盘后移，此时从动部分与主动部分分离。当驾驶人抬起踏板后，依靠弹簧的作用，它们又可接合到一起。

五、汽车没有变速器能行驶吗？

汽车没有变速器也是能够行驶的，但是它只能以一个速度和方向行驶，不能够减速、加速及倒向行驶。变速器发展到今天，种类繁多，有手动变速器、自动变速器、有级变速器、无级变速器、手自一体化变速器等。但其工作原理相差无几，其构造差异性较大。

发动机制造出来后，其排量大小是不变的，可燃混合气的成分也基本不变，因此，发动机输出的转矩变化范围较小。但汽车在起步和上坡时，需要较大的转矩；而在平坦路面高速行驶时，则只需较小的转矩。假如将发动机与驱动轮直接作用，那就是对应发动机的最高转速，很高且不变的车速是不现实的，而且有可能因为相应的牵引力太小，如果不把发动机输出的动力进行调整，可能无法起步、上坡或高速行驶。

为解决这种矛盾，汽车必须安装变速器（见图3-10），使传动系统具有减速增矩作用（简

称减速作用），使驱动轮的转速大大低于发动机转速，驱动轮因此得到的转矩则可增大到发动机转矩的若干倍。

假若您骑过变速自行车，可能有过这样的经历：当骑车上坡时，如果换上大齿轮，虽然车速较慢，但会感觉比较省力；在平坦道路上，如果换上小齿轮，则用相同的力就会让自行车达到较高的车速。起步时也一样，必须换大齿轮，只要用些力量就能起步。如果一上来就换上小齿轮，起步就很困难。

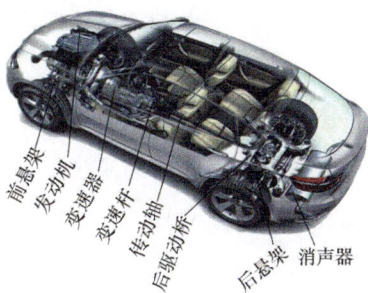

图 3-10　变速器在汽车中的位置

变速器的作用就是扩大汽车驱动转矩和转速的变化范围，当起步、上坡需要加大转矩时，它使用低速挡，可以实现大转矩、低车速；当需要提高汽车速度时，它使用高速挡，可实现小转矩、高车速。

六、变速器有哪些功用呢？

利用齿轮原理，可以用较轻的物体提升较重的物体。汽车发动机输出的转矩较小，但通过变速器后却能推动体重较大的汽车，如图 3-11（a）所示。利用齿轮原理，可以将较大的转速转变为较小的转速，也可以将较小的转速转变为较大的转速，如图 3-11（b）所示。

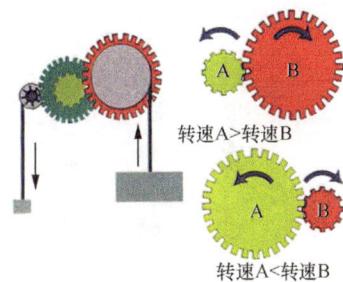

图 3-11　变速器工作原理示意图

变速器从其工作原理来看具有以下几个方面的功用。

（1）实现变速变矩。变速器通过改变传动比扩大驱动轮转矩和转速的变化范围，以适应经常变化的行驶条件，同时使发动机在有利的工况下工作。

（2）实现汽车倒驶。由于内燃机是不能够反向旋转的，可利用变速器的倒挡，实现汽车的倒向行驶。

（3）必要时中断传动。可利用变速器的空挡中断动力传递，使发动机能够起动和怠速运转，满足汽车暂时停车和滑行的需要。

（4）实现动力输出，驱动其他机构。如自卸车的液压举升装置等。

📖 任务二　了解传动系统主要部件的工作特性

一、手动变速器是怎样完成换挡操作的？

当离合器接合时，不管是在空挡或任何挡位上，变速器中每个挡位的主动齿轮（红色齿轮），以及每个挡位的从动齿轮（蓝色部分），它们始终啮合在一起并按照各自的转速不停地旋转，如图 3-12 所示。但在空挡时，各个挡位的所有从动齿轮并没有和输出轴连接，此时输出轴是静止不转的。

如图 3-13 所示，当挂上 1 挡或其他前进挡位时，实际上是将 1 挡或其他挡位的从动齿轮通过同步器（或称犬牙啮合套）和输出轴接合起来共同旋转。当变换挡位时，则是换成新挡位的从动齿轮和输出轴接合并共同旋转。

倒挡的主动齿轮和从动齿轮之间又"夹"了一个中间轮，一般称之为"惰轮"，这样就可使输出轴的旋转方向与其他挡位相反。

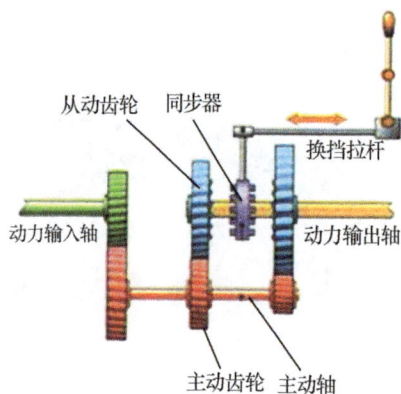

图 3-12 手动变速器工作原理示意图

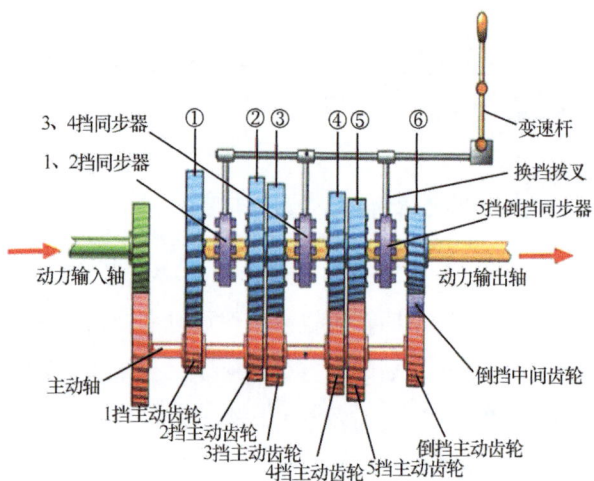

图 3-13 手动变速器构造示意图

二、手动变速器是如何改变传动比的？

手动变速器，就是必须用手拨动变速杆才能改变传动比的变速器。手动变速器在换挡时，必须踩下离合器踏板，方可拨得动变速杆。

手动变速器的工作原理就是更换大小不同的被动齿轮来与动力输出轴接合，当降挡时，实际上是将主动齿轮换成更小的齿轮，被动齿轮切换成了更大的齿轮，根据杠杆原理，此时变速器输出的转速就会相对降低，但转矩增大；反之，如果是升挡，则实际上是主动齿轮换成更大齿轮，被动齿轮切换成小齿轮，此时变速器输出的转速就会提高，但转矩会减小。由此通过齿轮齿数的改变来改变齿轮输出的传动比。

轿车手动变速器通常带同步器（见图 3-14），这样可使换挡方便、动力传递直接、动力响应迅速、省油、噪声小。最常见的手动变速器多为 5 挡位（5 个前进挡、1 个倒挡），运动型轿车上也有 6 挡位变速器。手动变速器的缺点是换挡比较麻烦，手脚并用，容易产生驾驶疲劳。

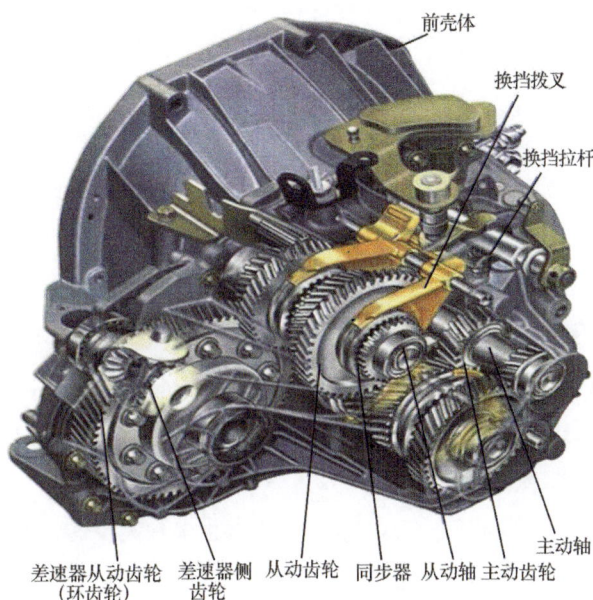

前壳体
换挡拨叉
换挡拉杆
主动轴
差速器从动齿轮
（环齿轮）
差速器侧
齿轮
从动齿轮
同步器
从动轴
主动齿轮

图 3-14　手动变速器构造

三、自动变速器中液力变矩器的工作原理是什么？

液力变矩器的作用是将发动机的动力输出传递给后面的变速机构。

液力变矩器的工作原理相当于两台对吹的电风扇，如图 3-15 所示，当一台电风扇转动时，它的气流就会带动另一台没有接通电源的电风扇跟着转动。只不过自动变速器中的液力变矩器的设计比较精密，并配有调整机构，使其输出的转矩可以调整以适应道路行驶情况。而且，它用一种非常特别的油质来代替空气，作为传递动力的介质，如图 3-16 所示。

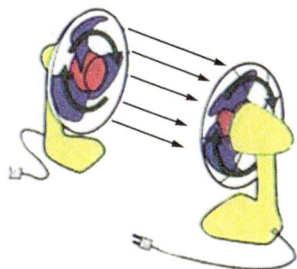

图 3-15　液力变矩器工作原理

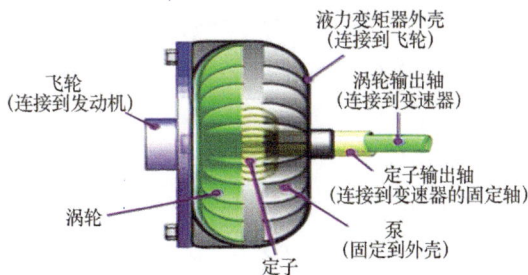

液力变矩器外壳
（连接到飞轮）
飞轮
（连接到发动机）
涡轮输出轴
（连接到变速器）
定子输出轴
（连接到变速器的固定轴）
涡轮
泵
（固定到外壳）
定子

图 3-16　液力变矩器构造

由于液力变矩器是用油质来传递动力，传动中的冲击被吸收，因此起步、加速比较平稳，振动较小。也正因为是通过油质传递，使它的传递效率较低，动力响应较差，燃油消耗较高。

四、自动变速器有哪些不同的构造形式？

现在的自动变速器一般都是液力变矩器式自动变速器，它主要由液力变矩器和变速机构两大部分组成。

（1）与发动机飞轮连接的液力变矩器，它和手动变速器汽车上的离合器位置差不多，其作用也和离合器差不多，它负责将发动机输出的动力传递给后面的变速机构，如图3-17所示。液力变矩器借助油质传递动力使汽车行驶，因此它与齿轮传递动力相比更浪费燃油。为防止此现象，当车速超过一定速度时，采用锁止离合器将发动机与变速机构直接连接，这样可减少燃油消耗。

（2）紧跟在液力变速器后面的变速机构，它主要由多片离合器、控制机构和变速齿轮组成，如图3-18所示。控制机构按照设计师们的设定，可以根据行驶情况对多片离合器发出指令，驱动各挡位上多片离合器进行接合或分离。

图 3-17　液力变矩器

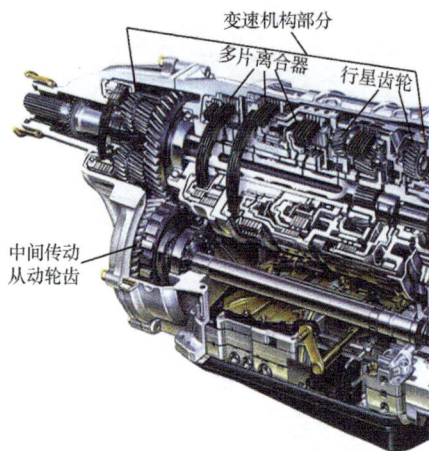

图 3-18　自动变速器构造

由于变速机构部分的不同，自动变速器又分多个种类，如控制机构有液压阀和电磁阀，则分别称为液压自动变速器和电控自动变速器；如果最后的变速机构不是采用齿轮，而是采用钢带和滑轮，那就是无级变速器了。

五、自动变速器是怎样进行自动变速的？

自动变速器中有许多离合器片，几乎每个挡位都有一组离合器片，而这些离合器片受控制机构的驱动进行分离和接合，从而实现变速，如图3-19所示。

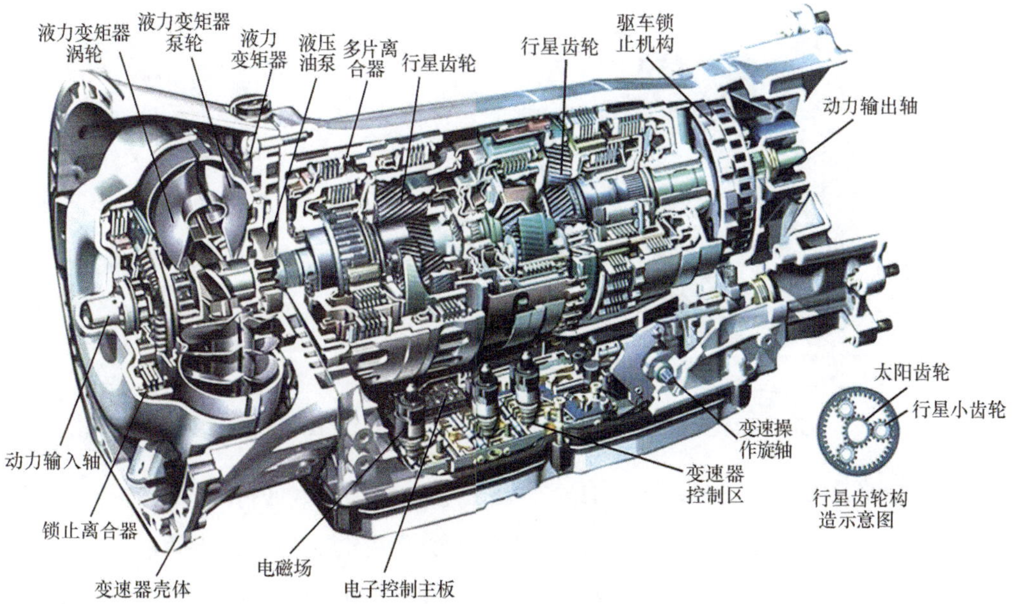
液力变矩器
涡轮
液力变矩器
泵轮
液力
变矩器
液压
油泵
多片离
合器
行星齿轮
行星齿轮
驱车锁
止机构
动力输出轴
太阳齿轮
行星小齿轮
变速操
作旋轴
变速器
控制区
行星齿轮构
造示意图
动力输入轴
锁止离合器
变速器壳体
电磁场
电子控制主板

如 3-19　奔驰 7 挡自动变速器构造图

自动变速器中的控制机构都是液压式的，其中设计了许多阀门，当油压升高后会自动顶开一些阀门，油就会驱动某些离合器片动作。设计师将车速、节气门开度等各种信息作为控制油压升高或降低的输入信号，当车速、节气门开度变化时，它便会自动切换到不同的挡位。

现在不少自动变速器采用电磁阀代替复杂的液压阀，可以利用车速、节气门开度等信息来直接控制多片离合器动作，从而实现自动变速的目的。

值得一提的是，自动变速器中的齿轮和手动变速器的齿轮大相径庭，它们是采用行星齿轮的方式组合，利用控制某个行星齿轮的转动就可实现不同的转速输出，当然也包括反转。各齿轮或固定或转动，都是根据电脑计算或根据车速指令靠液压自动完成的。

六、无级变速器工作原理如何？

无级变速器的主要部件是两个滑轮和一条金属带，如图 3-20 所示。金属带套在两个滑轮上，滑轮由两块轮盘组成，这两片轮盘中间的凹槽呈 V 形，其中一边轮盘由液压控制机构操纵，可以视不同的发动机转速，进行分开与拉近的动作，V 形凹槽也随之变宽或变窄，将金属带升高或降低，从而改变金属带与滑轮接触的直径，相当于齿轮变速中切换不同直径的齿轮。两个滑轮呈反向调节，即其中一个带轮凹槽逐渐变宽时，另一个带轮凹槽就会逐渐变窄，从而迅速加大传动比的变化，如图 3-21 所示。

图 3-20　无级变速器

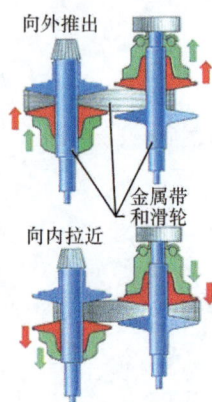

图 3-21　无级变速器工作原理

当汽车慢速行驶时，可以令主动滑轮的凹槽宽度大于被动滑轮凹槽，主动滑轮金属带圆周半径小于被动滑轮的金属带圆周半径，即小圆带大圆，因齿轮传递较大的转矩；当汽车逐渐转为高速时，主动滑轮的一边轮盘向内靠拢，凹槽宽度变小迫使金属带升起，直至最高顶端，而被动滑轮的一边轮盘刚好相反，向外移动拉大凹槽宽度迫使金属带降下，即主动滑轮金属带圆周半径大于被动滑轮的金属带圆周半径，变成大圆带小圆，因此，能保证汽车高速行驶时的速度要求。

七、双离合变速器怎样进行变速？

一般手动挡汽车换挡时，离合器在分离与接合之间存在动力传递暂时中断的现象。这在普通汽车上没有什么影响，但在争分夺秒的赛车上，如果离合器掌握不好、动力跟不上，车速就会变慢，影响成绩。双离合变速器（见图 3-22）便能消除换挡时的动力传递停止现象，可以更加平顺地换挡。

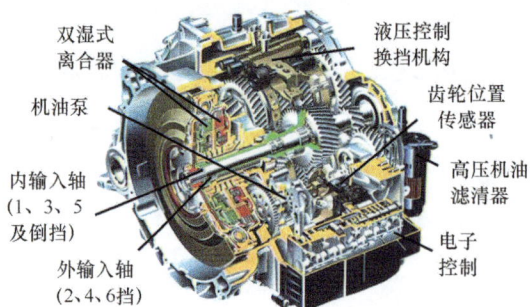

图 3-22　6 挡双离合变速器构造剖视图

以如图 3-23 所示的内容为例说明其工作原理。两个离合器与变速器装配在同一机构内，其中离合器 1 负责挂 1、3、5 挡和倒挡；另一个离合器负责控制 2、4、6 挡。

驾驶人挂上 1 挡起步时，这时离合器 2 也预先挂上 2 挡，但保持离合器分离状态；当车速提高准备换挡，离合器 1 分离的同时，离合器 2 接合，2 挡开始工作。与此同时，由离合器 1 所控制的 3 挡齿轮组也完成啮合并等待换挡指令。如图 3-23 所示即是在 2 挡工作，并等待换 3 挡的状态。这样就省略了挡位空置的一刹那，使动力传递更加连续。

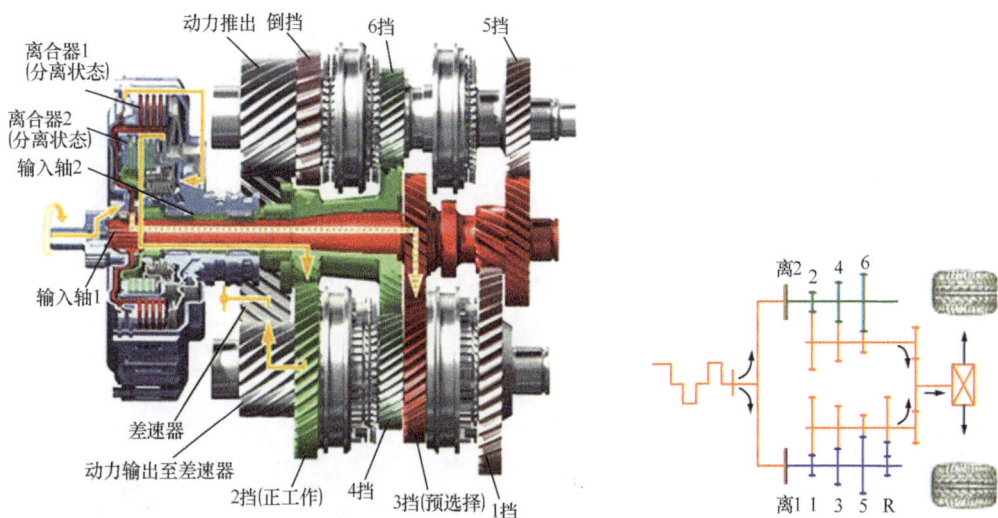

离合器1
(分离状态)

离合器2
(分离状态)

输入轴2

输入轴1

动力推出 倒挡 6挡 5挡

差速器

动力输出至差速器

2挡(正工作) 4挡 3挡(预选择) 1挡

离2 2 4 6

离1 1 3 5 R

图 3-23 6 挡双离合变速器工作原理示意图

任务三 了解汽车传动系统的布置形式及特点

一、前置前驱—FF：发动机前置、前轮驱动有哪些特点？

前置前驱（见图 3-24）的操纵机构简单、发动机散热条件好。但上坡时汽车质量后移，使前驱动轮的附着质量减小，驱动轮易打滑；下坡制动时则由于汽车质量前移，前轮负荷过重，高速时易发生翻车现象。FF 不适合搭载动力较大的发动机，现在大多数普通轿车采取这种布置形式。前置前驱汽车构造如图 3-25 所示。

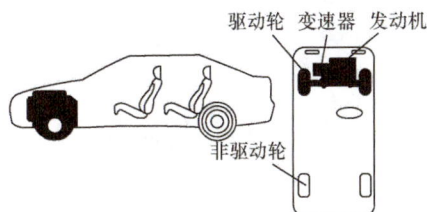

驱动轮 变速器 发动机

非驱动轮

图 3-24 前置前驱示意图

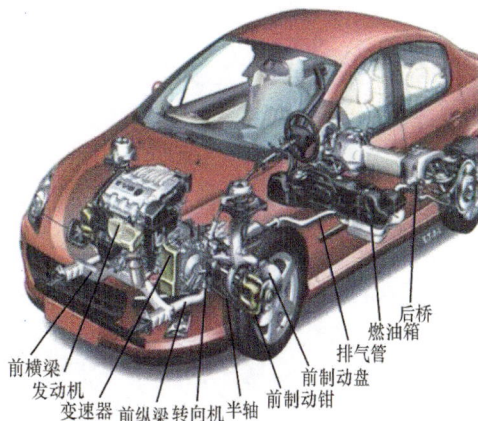

后桥

燃油箱

排气管

前横梁
发动机

前纵梁 转向机 半轴

前制动盘

前制动钳

变速器

图 3-25 前置前驱汽车构造

二、前置后驱—FR：发动机前置、后轮驱动的特点是什么？

前置后驱（见图 3-26）一种传统的布置形式。国内外的大多数货车、部分轿车和部分客车都采用这种形式。它是前轮转向后轮驱动，发动机输出动力通过离合器—变速器—传动轴输送到驱动桥上，在此减速增扭后传送到后面的左、右半轴上，驱动后轮使汽车运行，前后轮各行其职，转向与驱动分开，负荷分布比较均匀。前置后驱汽车构造如图 3-27 所示。

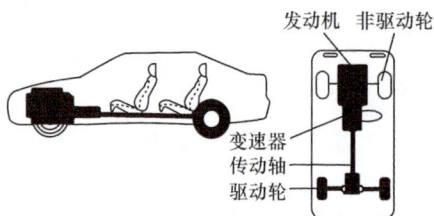

发动机　非驱动轮

变速器
传动轴
驱动轮

图 3-26　前置后驱

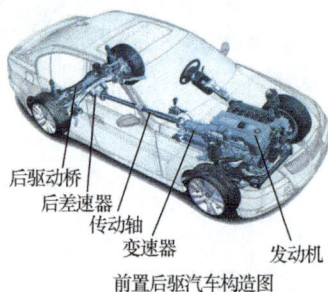

后驱动桥
后差速器
传动轴
变速器
发动机
前置后驱汽车构造图

图 3-27　前置后驱汽车构造图

三、后置后驱—RR：发动机后置、后轮驱动有什么特性？

在大型客车上多采用后置后驱的布置形式（见图 3-28），少量微型、轻型轿车也采用这种形式。发动机后置，使前轴不易过载，并能更充分地利用车厢面积，还可有效地降低车身地板的高度或充分利用汽车中部地板下的空间安置行李，也有利于减轻发动机的高温和噪声对驾驶员的影响。缺点是发动机散热条件差，行驶中的某些故障不易被驾驶员察觉。远距离操纵使操纵机构变得复杂、维修调整不便。但由于优点较为突出，在大型客车上应用越来越多。后置后驱汽车构造如图 3-29 所示。

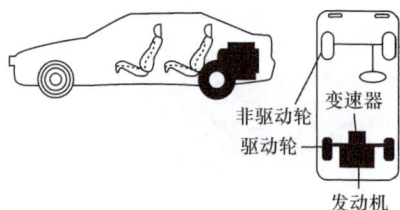

变速器

非驱动轮
驱动轮

发动机

图 3-28　后置后驱图

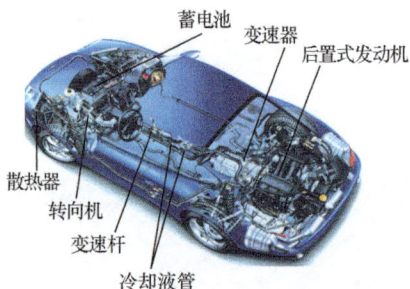

蓄电池
变速器
后置式发动机

散热器
转向机
变速杆
冷却液管

图 3-29　后置后驱汽车构造图

四、中置后驱的有什么特性？

中置后驱是指发动机放在驾驶室与后轴之间，并采用后轮驱动或发动机放在前轴后面并用后轮驱动，英文为 MR，如图 3-30 所示。现在 MR 的设计已是高级跑车的主流驱动方式，它的最大特点是：将车辆中惯性最大的沉重发动机置于车体的中央，这就使 MR 车获得最佳运动性能的最主要保证，因此 MR 车的车体重量分布接近理想平衡。

MR 兼具 FF、FR 的优点，转向灵敏准确，制动时不会出现"头沉尾翘"的现象。但 MR 有一个先天毛病，直线稳定性较差，为了解决这一问题，所有 MR 汽车的后轮尺寸均较前轮大。第二个缺点是车厢太窄，一般只能有两个座位。另外，由于驾乘人员离发动机太近，因此噪声很大。

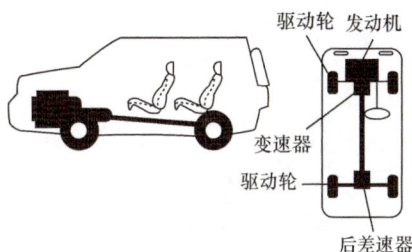

图 3-30　中置后驱

五、四轮驱动有什么优越性？

四轮驱动简称四驱，就是前后 4 个车轮均作为驱动轮，英文简称 4WD 或 SUV。人们通常说的 SUV 就是 4 个车轮同时驱动的一种越野车，如图 3-31 所示。

越野汽车一般为全轮驱动，发动机前置，在变速箱后装有分动器将动力传递到全部车轮上。目前，轻型越野汽车普遍采用 4×4 驱动形式，中型越野汽车采用 4×4 或 6×6 驱动形式；重型越野汽车一般采用 6×6 或 8×8 驱动形式。

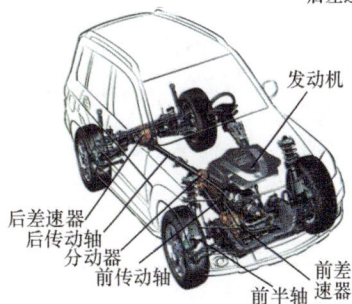

图 3-31　四驱汽车

六、分动器是什么装置？

分动器俗称分动箱，它是四驱汽车上特有的部件，如图 3-32 所示。它的作用是将从变速器传来的动力分配给前轴和后轴。分动器为链式或齿轮传动系统，它单独固定在车架上，其输入轴与变速器的输出轴用万向传动装置连接，

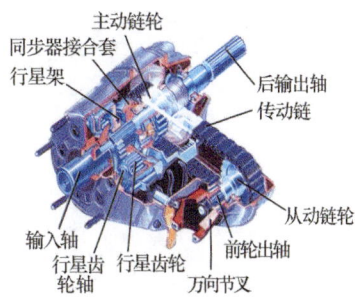

图 3-32　分动器结构

分动器的输出轴有两根，分别经万向传动装置与前后驱动桥相连。

分动器也有多种，在分时四驱汽车上比较简单，一般采用离合器的结构，直接由驾驶员手动操作，让多片离合器分离或接合，从而选择两驱和四驱行驶方式。在全时四驱上，分动器的主要结构就是中央差速器，由它负责向前、后驱动桥分配驱动力。

📖 任务四　了解汽车驱动桥的驱动形式及主要部件的作用

一、什么是分时四驱、全时四驱和适时四驱？

汽车在直线行驶时4个车轮转速是相同的，在转弯时，4个车轮的转速是不一样的，为了保持车辆行驶的平稳性由差速器来完成行驶的一种平稳，但汽车行驶的路况将随时发生改变，因此，为使汽车行驶平稳、可靠，得到应有的车速，须根据路况条件设计一套机构，让驾驶员能够自由进行选择切换驱动模式。越野时选择四驱模式，公路行驶选择两驱模式，这样的驱动模式叫分时四驱，如图3-33所示。

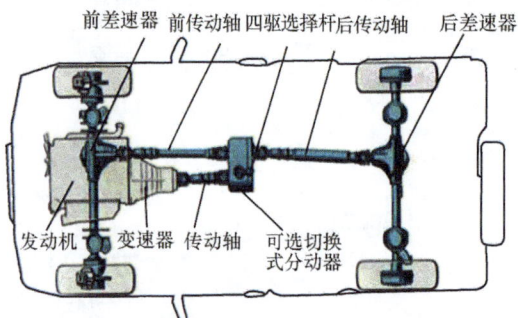

图3-33　分时四驱工作原理示意图

汽车在行驶时不需要四驱的时候采用两轮驱动，需要四驱的时候汽车会自动切换到四驱模式，不需要驾驶员手动操纵。这样的驱动模式称适时四驱。其优点是操作简便，燃油消耗接近两驱，只需从前驱动桥引一根传动轴通过一个多片耦合器连接到后桥即可，布置简单，如图3-34所示。

汽车在整个的行驶过程中4个车轮时刻都提供牵引力，无需进行模式切换，时时都是四驱，这样的模式称全时四驱，如图3-35所示。其优点是行驶稳定性好、主动安全性好。缺点是燃油消耗高。

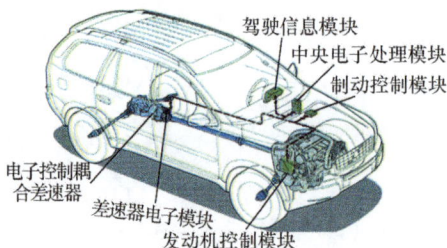

图3-34　带电子控制耦合差速器的适时四驱

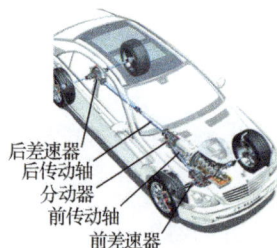

图3-35　全时四驱汽车构造

二、主减速器有什么作用？

汽车主减速器位于驱动桥内，如图 3-36 所示。驱动桥主要由桥壳、主减速器、差速器和半轴组成。主减速器的主要作用是将变速器输出的动力进一步降低转速，增大转矩，并改变旋转方向，然后传递给驱动轮，以获得足够的汽车牵引力和适当的车速。

从动锥齿轮

主动锥齿轮

图 3-36　主减速器结构

三、汽车驱动桥的半轴有什么作用？

半轴是和差速器相连的一个分解差速器扭力，并把扭力传递给驱动轮的装置，如图 3-37 所示。根据驱动形式的不同分前驱半轴和后驱半轴。

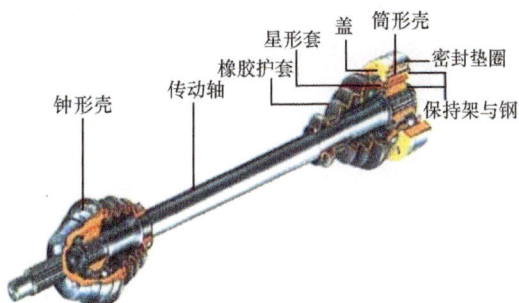

盖　筒形壳
星形套
橡胶护套　　密封垫圈
传动轴
钟形壳　　　　　　保持架与钢

图 3-37　半轴结构示意图

四、汽车为什么要有差速器？

汽车在行驶时除了直线行驶，根据不同路况，还有转弯、不平道路、倒向行驶等，这样就需要每个车轮必要时有不同的转速，为了确保汽车行驶的安全性、平稳性、可靠性等就必须要有一个装置来改变和平衡车轮转速，这个装置称为差速器。如果左右驱动轮中间没有差速器，那么驱动轮的内侧轮和外侧轮之间的转速差就无法吸收，结果便会导致内侧轮"制动"现象，如图 3-38（a）所示。如果左右驱动轮中间装有差速器，那么驱动轮的内侧轮和外侧轮之间的转速差就可以由差速器吸收，这样车轮运转便会较为顺畅，如图 3-38（b）所示。布置在前驱动桥的叫前差速器（见图 3-39）；布置在后驱动桥的叫后差速器；如果将其布置在四驱汽车的中间传动轴上，用来调节前轮和后轮之间的转速，则称为中央差速器。

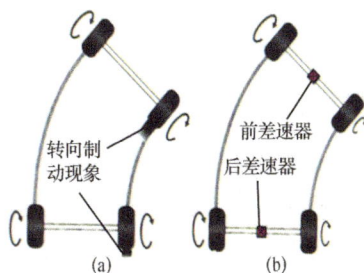

转向制动现象

前差速器
后差速器

(a)　　　　　(b)

图 3-38　差速器作用

图 3-39　前差速器位置

五、差速器是如何完成差速的？

从图 3-40 所示中可以看出，差速器是接受来自传动轴通过主动齿轮传来的力，将其力分解传递给半轴以达到汽车行驶的目的。

如图 3-41（a）所示，当汽车直线行驶时，差速器从动齿轮接受主动齿轮从传动轴成 90°角的力，由从动齿轮带动 2 个行星齿轮，并带动半轴齿轮旋转，从而驱动车轮行驶。左右驱动轮的转速相同，两个侧齿轮的转速也相同，中间的行星齿轮没有自传，只有在两个侧齿轮之间公转。

当汽车转弯时，左右车轮旋转速度不同，左右半轴齿轮之间会产生阻力差，它便会使两个行星齿轮在绕半轴旋转的同时还要产生自转，来吸收阻力差值，使左右车轮能够以不同的速度旋转，完成差速，使得汽车顺利完成转弯。如图 3-41（b）所示，当车辆向右转弯时，左侧驱动轮的转速高，右侧驱动轮的转速低，致使左侧齿轮转速大于右侧齿轮，进而导致一直公转的行星齿轮也开始自转。

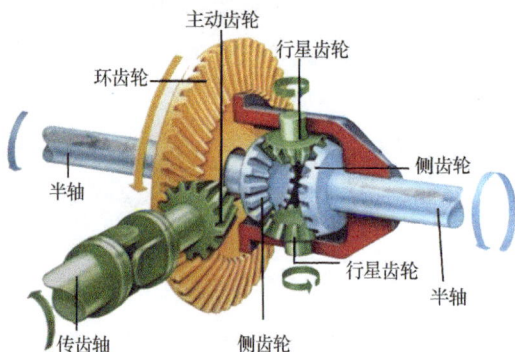

图 3-40　差速器构造

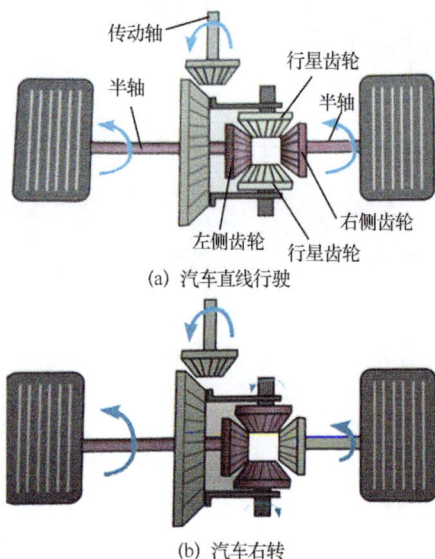

(a) 汽车直线行驶

(b) 汽车右转

图 3-41　差速器工作原理

六、差速器为什么要装有锁死装置呢？

差速器是一个能够输送不同转速度的机械装置，同时也可能使受到阻力不同的传动装置运转速度一致。

汽车差速器能够使两半轴具有不同的运转速度。若一根半轴上的车轮打滑时或驱动力为零时，差速器作用，使不打滑的车轮驱动力也为零。这样就无法完成汽车的驱动。为了解决这一问题，差速器就必须装有锁死装置，该装置会影响汽车的行驶稳定性，操作不便，目前大部分四驱车都采用限滑差速器（LSD）的锁死装置。在一些越野性能较强的全时四轮驱动汽车上，一般都设有差速器锁死开关（见图 3-42），以防车轮打滑。

图 3-42 锁死开关

七、什么是限滑差速器？

汽车在行驶时会出现车轮打滑，很多四驱车为了防止车轮打滑装置了一个中央差速器的锁死装置，该装置会影响汽车的行驶稳定性，操作不便，为了解决这种问题，就在差速器壳体内装置多片离合器（见图 3-43），通过这些多片离合器，中央差速器可以按照比例主动向前后桥分配动力。如果某一组车轮打滑，利用轮速差的作用，多片离合器差速器就会自动把部分动力分配给不打滑的那组车轮，从而使汽车获得强劲动力，多片离合器式差速器称为限滑差速器（见图 3-44），英文为 LSD。目前，一般的城市 SUV 和四驱越野车都采用 LSD。

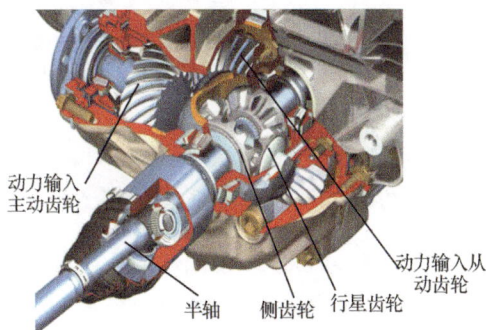

图 3-43 差速器内部构造

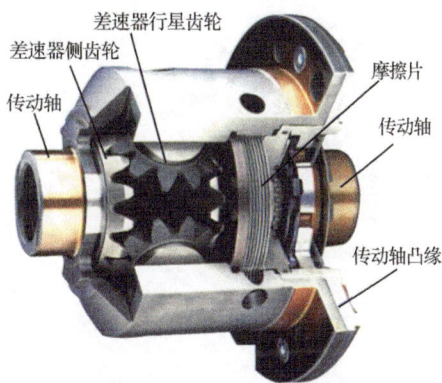

图 3-44 带摩擦片的限滑差速器

八、什么是托森 C 型中央差速器？

托森差速器的核心是蜗轮、蜗杆齿轮啮合系统，从图 3-44 中可以看到双蜗轮、蜗杆结构，涡轮蜗杆之间啮合咀力根据轮端咀力变化而变化，轮端咀力越大啮合越紧，输出轴与壳体相对转动量越少，传递出的动力越多。由此实现了根据附着力感应的变化扭矩输出。这就是最早时候的 B 型中央差速器。

第六代奥迪 Quattro 四轮驱动核心部件——中央差速器由 B 型升级到 C 型，其结构也由平行齿轮结构变为行星齿轮结构，自动锁止功能的反应时间也更迅速，如图 3-45 所示。在通常情况下，中央差速器以

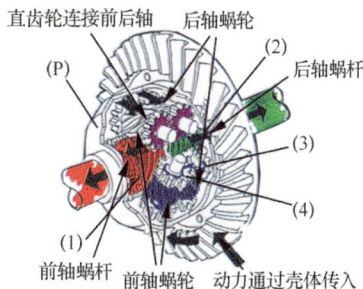

图 3-45 托森差速器结构视图

40：60 的分配比例将动力传递至前后轴，当遇到特殊路况时，前轮可以根据需要分配到 15% ～ 65% 的动力，后轮则可以分配到 35% ～ 85% 的动力。偏向后轮的动力输出特点为车辆提供了更高的操控性能，在直线加速和弯道中这一特点表现得尤为突出，如图 3-46 和图 3-47 所示。目前市场上在售的 A4L、A6L 也都是采用的第六代 Quattro 四驱系统。

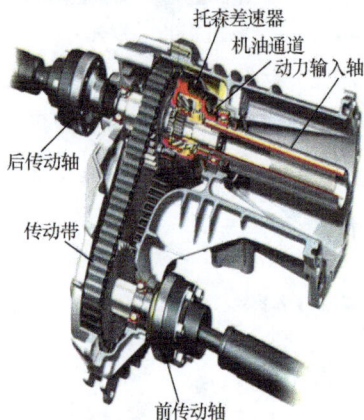

图 3-46　用于中央差速器的托森差速器

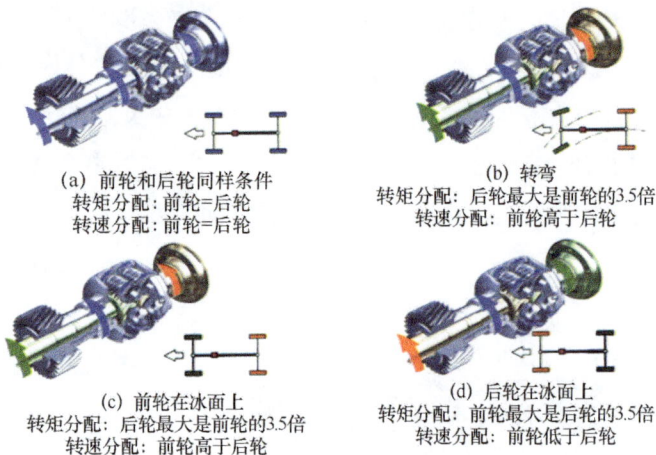

(a) 前轮和后轮同样条件
转矩分配：前轮=后轮
转速分配：前轮=后轮

(b) 转弯
转矩分配：后轮最大是前轮的3.5倍
转速分配：前轮高于后轮

(c) 前轮在冰面上
转矩分配：后轮最大是前轮的3.5倍
转速分配：前轮高于后轮

(d) 后轮在冰面上
转矩分配：前轮最大是后轮的3.5倍
转速分配：前轮低于后轮

图 3-47　托森差速器工作原理

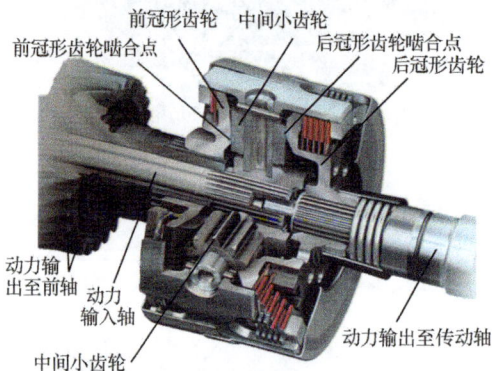

图 3-48　奥迪冠齿中央差速器构造

九、什么是冠齿中央差速器？

由两个冠形齿轮并相扣在一起，齿轮的外侧分别通过平行轴与前传动轴和后传动轴相连，分别负责向前轮和后轮传递驱动力，齿轮的内侧则与组成十字形的 4 个小齿轮啮合，这样的中央差速器称为冠齿中央差速器，如图 3-48 所示。

当某个车轴出现滑动时，两个冠形齿轮的转速就会不同，导致 4 个小齿轮产生自转，进而导致两端的离合器片（图 3-48 中红色）相互挤压，从而产生自锁反应，达到改变转向后轴和转向前轴的驱动力分配比例，最高为 85：15 和 30：70。奥迪 RS5、A7 和 A6 轿车上装备冠齿中央差速器。

思考题

1. 叙述汽车传动系组成与功用。

2. 离合器起什么作用？

3. 汽车常见的驱动形式有哪几种？

4. 差速器起什么作用？

5. 万向节可以从几个方向运动？其特点是什么？

6. 汽车传动系有哪几种布置形式？各有什么特点？

课题二　汽车行驶系
The automobile driving system

汽车行驶系由汽车的车架、车桥、车轮和悬架等组成。

📖 任务一　了解汽车行驶系组成部件的功用

一、汽车行驶系有哪些功用？

（1）将汽车构成一个整体，承受汽车的总重量。

（2）接受传动系的动力，通过驱动轮与路面的作用产生牵引力，使汽车正常行驶。

（3）承受并传递路面作用于车轮上的各种反力和力矩，缓和不平路面对车身造成的冲击，衰减汽车行驶中的振动，保持行驶的平顺性。

（4）与转向系配合，保证汽车操纵稳定性。

二、车架有什么用途？

汽车的车架也称大梁，是汽车的基体，将汽车构成一个整体，承受汽车的总重量，如图 3-49 所示。

车架一般由两根纵梁和几根横梁组成，经由悬挂装置、前桥、后桥支撑在车轮上，具有足够的强度和刚度以承受汽车的载荷和从车轮传来的冲击，连接车身与悬挂系统、行驶系统，承载、固定发动机变速箱等汽车部件。

图 3-49　车架构造

三、汽车车桥有什么作用？

汽车下面两端装有车轮的轴叫车轴。在卡车、越野车上具有驱动能力的轴就叫车桥，后

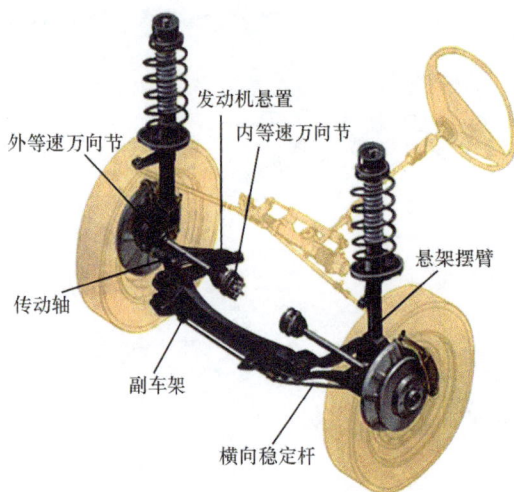

图 3-50 上海桑塔纳车桥前桥结构

驱轿车的后轴也属于车桥，如图 3-50 所示。汽车车桥的作用连接车轮和车架，并承担来自汽车内外各种作用力和力矩。

车桥的中部都有一个齿轮包（俗称"牙包"），一般是铸件或热压焊接件。

齿轮包的两边连着轴管，轴管头部镶有轮毂轴（俗称"轴头"），轮毂轴上装轴承，轴承上面套轮毂，车轮就是装在轮毂上的，制动器的转动部分装在轮毂上，固定部分装在轮毂轴上。齿轮包里有主减速器和差速器，将传动轴的旋转分别传递给左右半轴，半轴与轮毂相连。

现在轿车一般都是前轮驱动，但不构成轴状，是从变速箱中伸出可以浮动的左右半轴连接到转向机构，所以只能称前驱，而不能叫前桥。

四、汽车车轮起什么作用？

车轮（见图 3-51）是汽车的重要部件之一，它直接与路面接触，和汽车悬架共同来缓和汽车行驶时所受到的冲击，保证汽车具有良好的乘坐舒适性和行驶平顺性；保证车轮和路面有良好的附着性，提高汽车的牵引性、制动性和通过性；承受着汽车的重量。车轮在汽车上所起的重要作用越来越受到人们的重视。

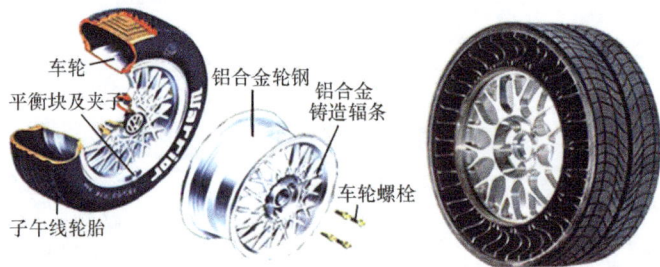

图 3-51 车轮结构图

很早以前轮胎是用木头、铁等材料制成。第一个空心轮子是 1845 年英国人罗伯特·汤姆逊发明的，他提出用压缩空气充入弹性囊，以缓和运动时的振动与冲击。

尽管当时的轮胎是用皮革和涂胶帆布制成，然而这种轮胎已经显示出滚动阻力小的优点。根据这一原理，1888 年约翰·邓录普制成了橡胶空心轮胎，随后托马斯又制造了带有气门开关的橡胶空心轮胎，可惜的是，因为内层没有帆布，而不能保持一定的断面形状和断面宽。

任务二 了解轮胎和四轮定位在汽车行驶系中的重要性

一、汽车轮胎有哪些种类？

汽车轮胎按胎体结构不同，可分为充气轮胎和实心轮胎。汽车上常用的汽车轮胎是充气轮胎。

（1）充气轮胎按结构不同可以分为有内胎和无内胎两种。

（2）按气压可分为高压轮胎、低压轮胎、超低压轮胎。高压轮胎气压 0.49～0.69MPa，低压轮胎气压 0.147～0.49MPa，超低压轮胎气压 0.147MPa 以下。

（3）按胎面花纹可分为普通花纹轮胎、越野花纹轮胎，混合花纹轮胎，如图 3-52 所示。

图 3-52 轮胎花纹

（4）按帘布层结构可分为斜交轮胎、带束斜交轮胎和子午线轮胎。

二、什么是汽车的前轮定位呢？

为了使汽车保持稳定的直线行驶，转向轻便、减少轮胎与转向机构的磨损，要求装配后的转向车轮、转向节和前轴与车架有正确的相对位置。前轮、前轴、转向节与车架的相对安装位置，称为转向车轮定位，也称前轮定位，如图 3-53 所示。前轮定位包括主销后倾、主销内倾、前轮外倾、前轮前束 4 个参数。

（1）主销后倾：主销装在前轴上后，其上端略向外倾，称为主销后倾。

图 3-53 车轮定位操作

（2）主销内倾：主销装在前轴上后，其上端略向内倾，称为主销内倾。

（3）前轮外倾：汽车的前轮安装后，其旋转平面上方略向外倾，称为前轮外倾。

（4）前轮前束：汽车两个前轮的旋转平面不平行，前端略向内收，称为前轮前束。汽车的前束值一般小于 10mm，通过改变横拉杆的长度可以调整前束的大小。

📖 任务三　认识和了解汽车行驶系中的悬架系统

一、什么是汽车悬架吗？

悬架（见图 3-54）就好像人的腿一样，人没有腿不能够走路，汽车也是这样，悬架就是汽车的"腿"，不同用途的汽车，对悬架的性能要求也不同，不同构造的悬架，其性能也存在差异，悬架决定汽车的性能趋向。

二、悬架有哪些作用呢？

悬架（见图 3-55）是汽车的车架与车桥或车轮之间的一切传力连接装置的总称，其作用是传递作用在车轮和车架之间的力和力矩，并且缓冲由不平路面传给车架或车身的冲击力，衰减由此引起的振动，以保证汽车能平顺地行驶。

图 3-54　汽车装配的悬架系统

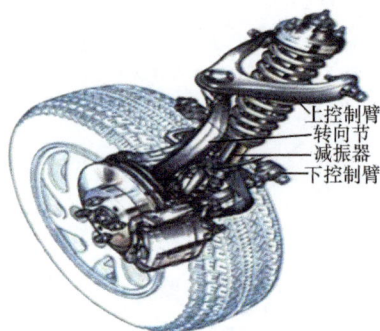

上控制臂
转向节
减振器
下控制臂

图 3-55　悬架与车轮连接示意图

三、悬架由哪些元件组成呢？

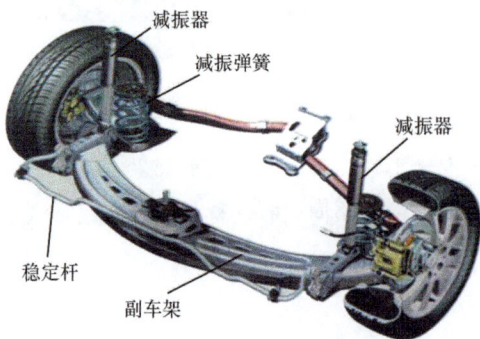

减振器
减振弹簧
减振器
稳定杆
副车架

图 3-56　悬架构造

汽车悬架包括弹性元件、减振器和传力装置 3 部分，如图 3-56 所示，这 3 部分分别起缓冲、减振和力的传递作用。常见轿车的前悬架一般为麦弗逊式悬架，一般用于轿车的前轮。其次是四连杆前悬架系统多用于豪华轿车，它通过运动学原理巧妙地将牵引力、制动力和转向力分离，同时赋予车辆精确的转向控制。四连杆式悬架系统在奥迪 A4、A6 以及中华轿车上都可以看到。后悬架系统的种类比前悬架的多，原因是驱动方式的不同决定着后车轴的有无，并与车身重量有关。后悬架主要有连杆式和摆臂式两种。

四、什么是独立式悬架和非独立式悬架？

1. 独立悬架

独立悬架的每一侧车轮单独通过弹簧悬挂在车架下面，汽车行驶中，当一侧车轮跳动时，不会影响另一侧车轮的工作，如图 3-57 所示。独立悬架中多采用螺旋弹簧和扭杆弹簧作为弹性元件，并配用导向装置和减振器。独立悬架在轿车上广泛应用。

2. 非独立悬架

非独立悬架两侧的车轮分别安装在同一整体式车桥上，车桥通过弹性元件与车架相连，如图 3-58 所示。这种悬架在汽车行驶中，当一侧车轮跳动时，另一侧车轮也将随之跳动。非独立悬架中广泛采用钢板弹簧作为弹性元件。这种悬架在中、重型汽车上普遍采用。

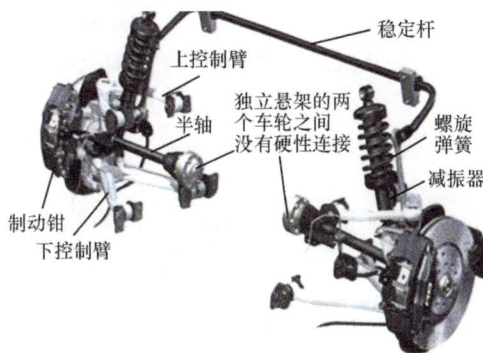

图 3-57　独立悬架构造　　　　　图 3-58　非独立悬架构造

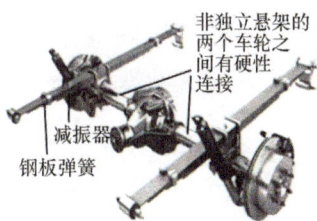

五、什么是麦弗逊式悬架呢？

麦弗逊式悬架（见图 3-59）是当今世界上应用最广泛的轿车前悬架之一。麦弗逊式悬架由螺旋弹簧、典型的麦弗逊式悬架减振器、三角形下摆臂组成，绝大部分车型还会加上横向稳定杆，如图 3-60 所示。简单的来说，其主要结构就是螺旋弹簧套在减振器上组成，减振器可以避免螺旋弹簧受力时向前、后、左、右偏移，使弹簧只能在上下方向振动，并可以用减振器的行程长短即松紧，来设定悬架的软硬及性能。麦弗逊式悬架结构简单质轻量、响应速度快。并且在一个下摇臂和支柱的几何结构下能自动调整车轮外倾角，在车辆转弯时自适应路面，让轮胎的接地面积最大化。虽然麦弗逊式悬架并不是技术含量很高的悬架结构，但麦弗逊式悬架在行车舒适性上的表现还是令人满意，不过由于其构造为直筒式，对左右方向的冲击缺乏阻挡力，抗刹车点头作用较差，悬挂刚度较弱，稳定性差，转弯侧倾明显。由

于其占用空间小，适合小型车以及大部分中型车应用，国内常见的广州本田飞度、东风标致307、一汽丰田卡罗拉、上海通用君越、一汽大众迈腾等前悬架均采用了麦弗逊式独立悬架。需要特别说明的是作为超级跑车的保时捷911也采用了麦弗逊式前悬架，这足以证明这款悬架具有广泛的适应性。它的主要优点：结构简单、占用空间小、响应较快、制造成本低；主要缺点：横向刚度小、稳定性不佳、转弯侧倾较大。适用车型：中小型轿车、中低端SUV前悬架。

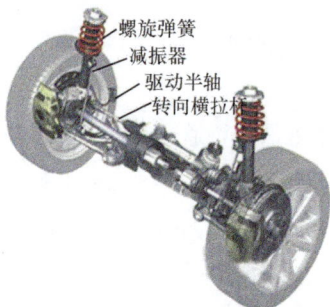

图 3-59　麦弗逊式悬架构造图　　　　图 3-60　3 连杆麦弗逊式前悬架构造图

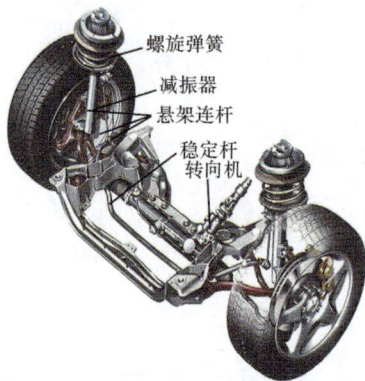

六、稳定杆起什么作用，有哪些种类？

稳定杆是汽车悬架系统的一部分，有时也叫做防横摇稳定杆或防侧倾杆。汽车急转弯时坐在这辆汽车中的人身体将会向弯道外侧倾斜，汽车上的所有部件都会发生同样的移动，稳定杆的作用就是阻止车身发生侧倾。稳定杆有横向稳定杆（见图 3-61）、前稳定杆（见图 3-62）和后稳定杆几种。

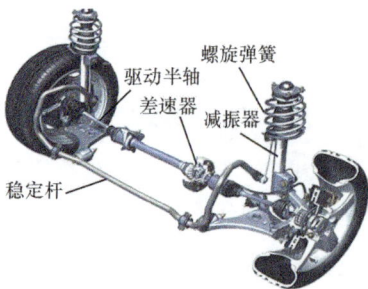

图 3-61　横向稳定杆　　　　　　　　图 3-62　前稳定杆

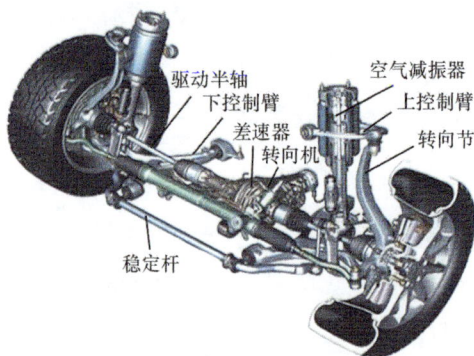

七、什么是多连杆式悬架？

多连杆式悬架是由 3～5 根杆件组合起来控制车轮的位置变化的悬架。多连杆独立悬架，可分为多连杆前悬架和多连杆后悬架系统。前悬架一般为 3 连杆或 4 连杆式独立悬架（见图 3-63）；后悬架则一般为 4 连杆或 5 连杆式后悬架系统，其中 5 连杆式后悬架（见图 3-64）应用较为广泛。

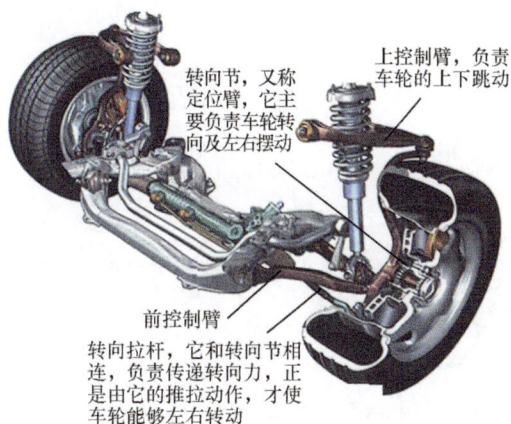

图 3-63　4 连杆前悬架构造图

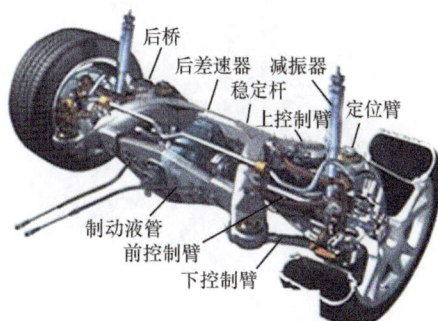

图 3-64　5 连杆后悬架构造图

多连杆悬架能实现主销后倾角的最佳位置，大幅度减少来自路面的前后方向力，从而改善加速和制动时的平顺性和舒适性，同时也保证了直线行驶的稳定性，因为由螺旋弹簧拉伸或压缩导致的车轮横向偏移量很小，不易造成非直线行驶。所以多连杆式悬架是当今世界比较先进的悬架，但是成本较高。

国内前后悬架均采用多连杆的车型有：北京奔驰 E 级、华晨宝马 3 系及 5 系、一汽奥迪 A4 及 A6L。帕萨特领驭则采用了多连杆前悬挂。

八、什么是空气悬架？空气悬架有什么优点？

空气悬挂（见图 3-65）主要包括内部装有压缩空气的空气弹簧和阻尼可变的减振器（见图 3-66）。

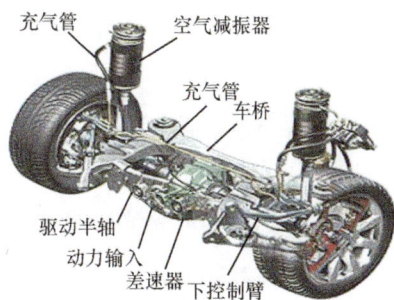

图 3-65　空气悬架构造图

图 3-66　空气减振器

与传统钢制悬架相比较，空气悬架具有很多优势，最重要的一点就是弹簧的弹性系数（弹簧的软硬）能根据需要自动调节（见图 3-67）。例如，高速行驶时悬架可以变硬，以提高车身稳定性，长时间低速行驶时，控制单元会认为正在经过颠簸路面，以悬架变软来提高减振舒适性，如图 3-68 所示。

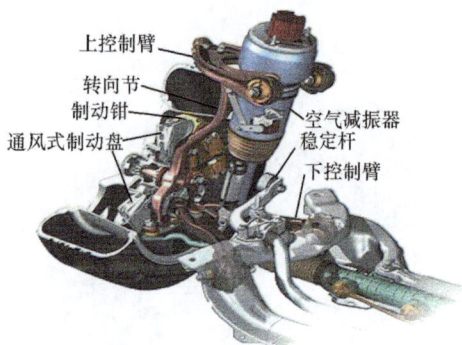

图 3-67　空气悬架运行图

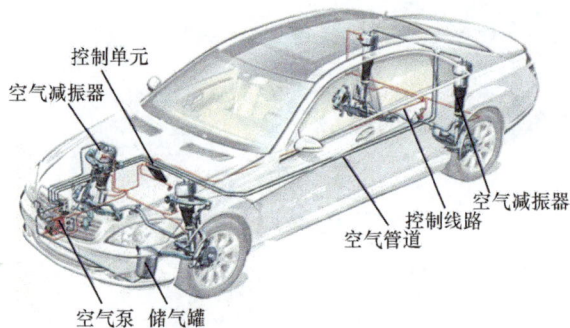

图 3-68　空气悬架控制系统

另外，车轮受到地面冲击产生的加速度也是空气弹簧自动调节时考虑的参数之一。例如，高速过弯时，外侧车轮的空气弹簧和减振器就会自动变硬，以减小车身的侧倾。在紧急制动时电子模块也会对前轮的弹簧和减振器硬度进行加强以减小车身的惯性前倾。因此，装有空气弹簧的车型比其他汽车拥有更高的操控极限和舒适度。

九、悬架中的弹簧和减振器有什么作用呢？

汽车悬架中的金属弹簧有 3 种形式，分别是螺旋弹簧、钢板弹簧和扭杆弹簧。螺旋弹簧形似螺旋线而得名，具有重量小且占位少的优点，当路面对车轮的冲击力传来时，螺旋弹簧产生变形，吸收轮子的动能转换为螺旋弹簧的位能（势能），从而缓和了地面的冲击对车身的影响。钢板弹簧的中部通过 U 型螺栓（又称骑马螺栓）固定在车桥上，两端的卷耳用销子铰接在车架的支架上，通过钢板弹簧将车桥与车身连接起来，当路面对车轮的冲击力传来时，钢板产生变形，起到缓冲、减振的作用。扭杆弹簧一端与车架固定连接，另一端与悬架控制臂连接，通过扭杆的扭转变形达到缓冲作用。

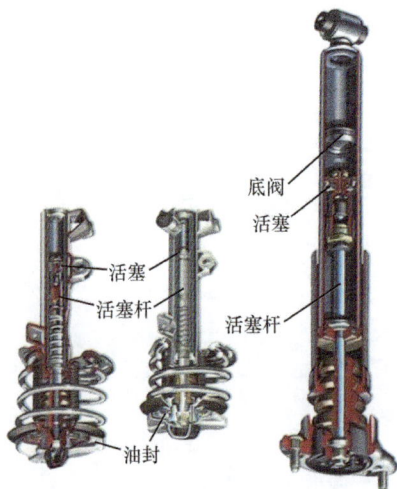

减振器（见图 3-69）能够改善汽车行驶平顺性，衰减振动。减振器多是液力减振器，其工作原理是当车架（或车身）和车桥间受振动出现相对运动时，减

图 3-69　减振器构造图

振器内的活塞上下移动，减振器腔内的油液便反复地从一个腔经过不同的孔隙流入另一个腔内。此时孔壁与油液间的摩擦和油液分子间的内摩擦对振动形成阻尼力，使汽车振动能量转化为油液热能，再由减振器吸收并散发到大气中。

十、什么是电磁减振器？

电磁减振器（Electromagnetic Absorber）是利用电磁感应的一种新型智能化独立悬架系统，如图 3-70 所示。它利用多种传感器检测路面状况和各种行驶工况，传输给电子控制器ECU，控制电磁减振器瞬间做出反应，抑制振动，保持车身稳定，特别是在车速很高、突遇障碍物时更能显出它的优势，如图 3-71 所示。电磁减振器的反应速度变化频率高达 1000 Hz，比传统减振器快 5 倍，彻底解决了传统减振器存在的舒适性和稳定性不能兼顾的问题，并能适应变化的行驶工况和任意道路情况，即使是在最颠簸的路面，电磁减振器也能保证汽车平稳行驶，代表了减振器发展的方向。减振器内采用的不是普通油，而是一种称作电磁液的特殊液体。

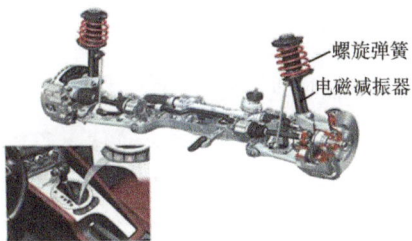

图 3-70　电磁减振器构造图

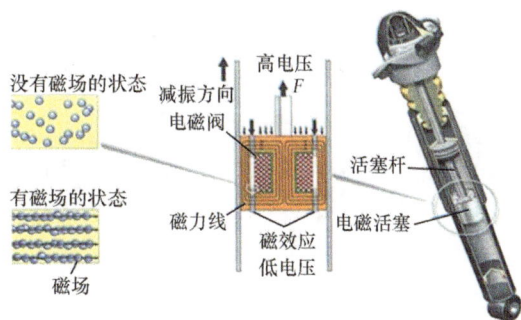

图 3-71　电磁减振器工作原理图

思考题

1. 叙述汽车行驶系的功用。
2. 汽车行驶系由哪些部分组成？
3. 悬架系统由哪些部分组成？
4. 轿车使用最常见的悬架系统有哪些？
5. 汽车行驶系主要受哪些作用力？
6. 空气减振器由哪些元件构成？
7. 电磁减振器是如何进行工作的？

课题三　汽车转向系统
Steering System

汽车失去了方向可能出现交通事故，对他人或自己造成不必要的损失。汽车有了方向还必须安全可靠，运用灵活。对于汽车转向我们来了解一下助力转向、随速助力转向、可变齿轮转向、四轮转向等。

任务一　了解转向系统的作用及组成

一、汽车转向系统有什么作用？

汽车常常在各种气候条件下行驶在不同道路上，转向机构是选择和变更行驶方向必不可少的装置。近代的高速汽车要求转向车轮既稳定又操纵灵活。

转向车轮的稳定是指车轮在偶然受到外力作用或转向盘微转动而偏离直线行驶时，有自动恢复直线行驶的能力。在将转向盘转动一周或更多、车轮摆转一定的角度后，放松转向盘时车轮有迅速恢复直线行驶的能力，如图 3-72 所示。

转向操纵的轻便灵活和转向车轮的稳定依靠各项技术条件，如转向主销后倾、转向主销内倾和转向车轮外倾等。

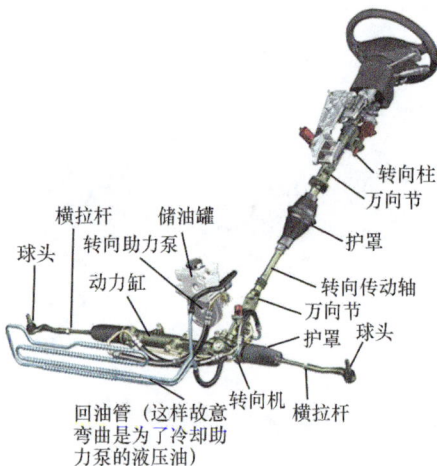

图 3-72　液压助力转向系统构造图

横拉杆　储油罐　转向柱万向节　球头　转向助力泵　护罩　动力缸　转向传动轴万向节　护罩　球头　回油管（这样故意弯曲是为了冷却助力泵的液压油）　转向机　横拉杆

二、汽车转向系统由哪些部分组成？

汽车转向系是由以下部分组成的，如图 3-73 所示。

（1）转向操纵机构主要由转向盘、转向轴、转向管柱等组成。

（2）转向器是将转向盘的转动变为转向摇臂的摆动或齿条轴的直线往复运动，并对转向操纵力进行放大的机构。转向器一般固定在汽车车架或车身上，转向操纵力通过转向器后一般还会改变传动方向。

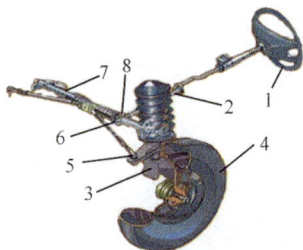

图 3-73　汽车转向系统结构

1—转向盘；2—安全转向轴；3—转向节；
4—转向轮；5—转向节臂；6—转向横拉杆；
7—转向减振器；8—机械转向器

（3）转向传动机构是将转向器输出的力和运动传给车轮（转向节），并使左右车轮按一定关系进行偏转的机构。

按转向能源的不同，转向系统可分为机械转向系统和动力转向系统两大类。

任务二　对转向系统中转向机构工作过程的认识

一、齿轮齿条式转向机构是怎样工作的？

汽车的转向机构主要分齿轮齿条式和循环球式两种。

转动转向盘时，可带动小齿轮转动，这个小齿轮与一根齿条相啮合，带动齿条左右直线运动，并推动转向轮左右摆动从而实现转向功能，如图 3-74 所示。齿轮不是简单的平齿轮，而是特殊的螺旋形状，这可改善转向时的柔顺性。

齿轮齿条式转向结构简单、成本低、转向力和路感传递直接，现在轿车上基本都采用齿轮齿条式转向。

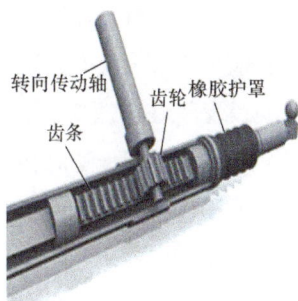
图 3-74　齿轮齿条式转向工作原理

二、循环球式转向器是怎样工作的呢？

循环球式转向器主要由螺杆、螺母、转向器壳体以及许多小钢球等部件组成，循环球指的就是这些小钢球，它们被放置于螺母与螺杆之间的密闭管路内，起到将螺母螺杆之间的滑动摩擦转变为阻力较小的滚动摩擦的作用，当与转向盘转向管柱固定到一起的螺杆转动起来后，螺杆推动螺母上下运动，螺母在通过齿轮来驱动转向摇臂往复摇动从而实现转向，如图 3-75 所示。在这个过程中，那些小钢球就在密闭的管路内循环往复的滚动，所以这种转向器就被称为循环球式转向器。

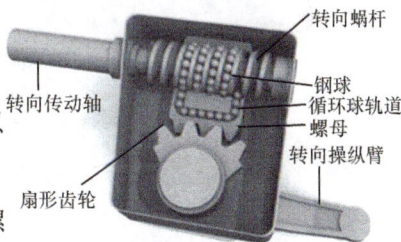
图 3-75　循环球式转向工作原理图

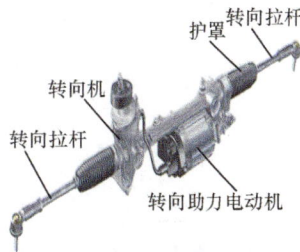
图 3-76　电动助力转向系统构造

相比齿轮齿条式转向器，循环球式转向器由于更多依靠滚动摩擦，所以具有较高的传动效率，操纵起来比较轻便舒适，机械部件的磨损较小，使用寿命相对较长，在过去那个没有转向助力的年代，循环球式转向器占据了统治地位。现代汽车的转向系统除装有液压助力外还有一部分车装有电动助力装置，如图 3-76 所示。电动助力装置将逐步取代液压助力。

任务三　了解转向系统中的几种转向形式

一、什么是主动转向系统？

主动转向系统是在转向盘系统中装置了一套根据车速调整转向传动的变速箱，如图 3-77 所示。这个系统包含了一个拳头般大小的行星齿轮，以及两根输入轴。其中一根输入轴连接到转向盘，另一根则通过螺旋齿轮，由电动机进行控制。

当车速较低时，控制电动机与转向管柱呈同方向转动，以增加转向角度；而当高速行驶时，控制电动机呈反方向转动，从而减少转向角度。

也就是说在车速低的时候，转向助力作用明显，转向盘角度较小，而转向轮的转向角度却较大，以保证低速时转向盘的灵活性。例如，倒库的时候，可以很轻松的转动转向盘；而在高速行驶的时候，为了防止转向过度而导致车身发飘，转动角度会变小，助力作用减弱，如图 3-78 所示。

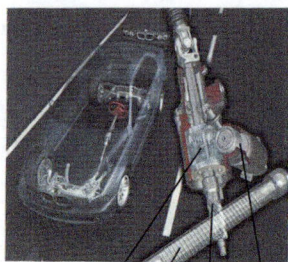

蜗轮蜗杆调节机构　转向齿轮
转向齿条　伺服电动机

图 3-77　主动转向系统示意图

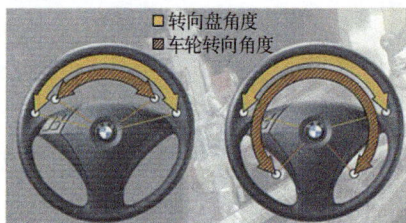

□转向盘角度
▨车轮转向角度

（a）高速行驶时　（b）低速行驶时

图 3-78　主动转向工作原理示意图

二、什么是可变转向比转向系统？

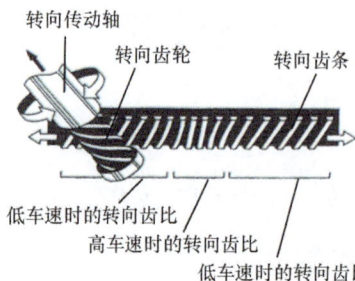

转向传动轴
转向齿轮　转向齿条

低车速时的转向齿比
高车速时的转向齿比
低车速时的转向齿比

图 3-79　可变齿比转向工作原理示意图

可变转向比。即根据汽车速度和转向角度来调整转向器传动比，当汽车开始处于停车状态，汽车速度较低或者转向角度较大时，提供小的转向器传动比；而当汽车高速行驶或者转向角度较小时，提供大的转向器传动比，从而提高汽车转向的稳定性，如图 3-79 所示。

不同厂家对转向系统的叫法各不相同，如

宝马称为 AFS 主动转向系统（Active Front Steering），奥迪将其称为动态转向系统（Audi DynAMIc Steering），雷克萨斯 / 丰田使用的则是可变转向比转向系统 VGRS(Variable Gear Ratio Steering)，而奔驰的可变转向比系统则以"直接转向系统"命名。虽然功能类似，但是他们使用的技术却是截然不同的。

三、汽车四轮是如何转向的呢？

四轮转向技术大多应用在大型车辆上，也有一些ＳＵＶ以及跑车具有四轮转向的功能。配备四轮转向之后，车辆可以减少转弯半径、提高低速行驶时的机动性以及高速行驶时的操纵性和可控制能力。

以德尔福公司的 OUADRASTEER 四轮转向系统为例对四轮转向进行介绍。

OUADRASTEER 是在传统的前轮转向基础上增加了一个电动盾轮转向系统，如图 3-80 所示。系统有 4 个主要部件——前轮定位传感器、可转向的整体准双曲面后轴、电动机驱动的执行器以及一个控制单元。该系统有 3 种主要运行方式：负相、中相、正相。低速行驶时，后轮转弯方向与前轮相反，这就是负相，如图 3-81（a）所示。中速行驶时，后轮笔直而保持中相，如图 3-81（b）所示。高速行驶时，后轮处于正相，和前轮转弯方向相同，如图 3-81（c）所示。

在低速行驶时，负相拖曳操纵，尾部跟随车辆的真实轨迹，比两轮转向更紧密。这使得在城市交通中的驾驶更容易。高速行驶时后轮和前轮的转向相同，有助于减少车辆侧滑或扭摆，对平衡车辆在超车、变道、躲避不平路面时的反应均有帮助。 此外，OUADRASTEER 和四轮驱动系统也可以完全兼容，并能提高四轮驱动系统的性能，根据制造厂商的要求，既能由驾驶员选择，又能实现全自动化。

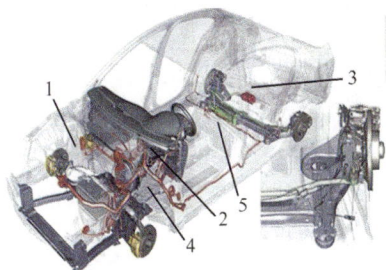

图 3-80　四轮转向控制原理

1—ESP/ABS 控制单元；2—转向盘角度传感器；
3—四轮转向控制单元；4—CAN 总线；
5—驱动后轮转向的电动机

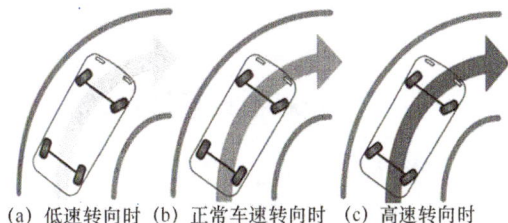

(a) 低速转向时 (b) 正常车速转向时 (c) 高速转向时

图 3-81　四轮转向系统工作原理

思考题

1. 简述汽车转向系的作用。

2. 汽车转向系由哪些部分组成？

3. 主动转向系是怎样工作的？

4. SUV 汽车具有四轮转向的目的是什么？

课题四　汽车制动系统
Brake System

汽车不能一直开下去，必须根据人们的需要进行降速或停车。要想达到控制目的就应该设计一套装置来完成汽车的减速控制或停车控制，这个装置我们给它取一个名字叫汽车制动系统，如图 3-82 所示。

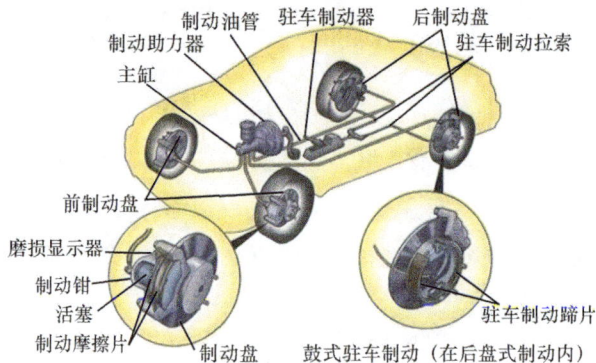

图 3-82　制动系统示意图

任务一　了解制动系统的组成及分类

一、制动系统是由哪些部分组成的？

制动系统一般由制动操纵机构和制动器两个主要部分组成。

（1）制动操纵机构是产生制动动作、控制制动效果并将制动能量传输到制动器的各个部件，以及制动轮缸和制动管路，如图 3-83 所示。

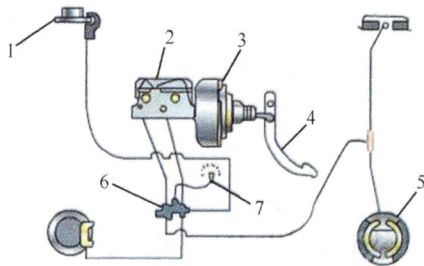

图 3-83　制动系统组成

1—盘式制动器；2—制动液储存罐；
3—制动总泵；4—制动踏板；
5—鼓式制动器；6—制动分泵

（2）制动器是产生阻碍车辆的运动或运动趋势的力（制动力）的部件。汽车上常用的制动器都是利用固定元件与旋转元件工作表面的摩擦而产生制动力矩，称为摩擦制动器。它有鼓式制动器 5 和盘式制动器 1 两种结构形式。

二、汽车制动系统是怎样来分类的呢？

1．按制动系统的作用分类

制动系统可分为行车制动系统、驻车制动系统、应急制动系统及辅助制动系统等。

用以使行驶中的汽车降低速度甚至停车的制动系统称为行车制动系统，如图 3-84 和图 3-85 所示；用以使已停驶的汽车驻留原地不动的制动系统则称为驻车制动系统；在行车制动系统失效的情况下，保证汽车仍能实现减速或停车的制动系统称为应急制动系统；在行车过程中，辅助行车制动系统降低车速或保持车速稳定，但不能将车辆紧急制停的制动系统称为辅助制动系统。上述各制动系统中，行车制动系统和驻车制动系统是每一辆汽车都必须具备的。

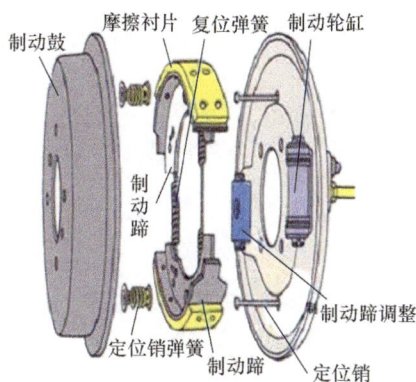

图 3-84　鼓式制动系统构造

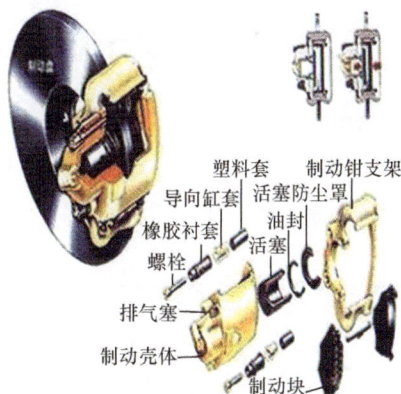

图 3-85　盘式制动系统构造

2．按制动操纵能源分类

制动系统可分为人力制动系统、动力制动系统和伺服制动系统等。以驾驶员的肌体作为唯一制动能源的制动系统称为人力制动系统；完全靠由发动机的动力转化而成的气压或液压形式的势能进行制动的系统称为动力制动系统；兼用人力和发动机动力进行制动的制动系统称为伺服制动系统或助力制动系统。

3．按制动能量的传输方式分类

制动系统可分为机械式、液压式、气压式、电磁式等。同时采用两种以上传输方式的制动系称为组合式制动系统。

任务二 了解制动系统的作用及工作原理

一、制动装置有什么作用呢？

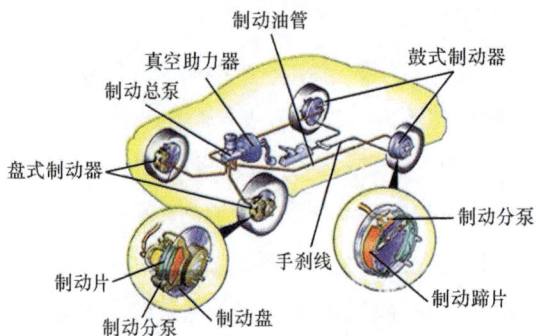

图 3-86 制动系统分布图

汽车上通过外界（主要是路面）在汽车某些部分（主要是车轮）施加一定的力，从而对其进行一定程度的强制制动的一系列专门装置统称为制动系统，如图 3-86 所示。其作用是：使行驶中的汽车按照驾驶员的要求进行强制减速甚至停车；使已停驶的汽车在各种道路条件下（包括在坡道上）稳定驻车；使下坡行驶的汽车速度保持稳定。

二、制动系统是怎样来进行工作的呢？

对汽车起制动作用的只能是作用在汽车上且方向与汽车行驶方向相反的外力，而这些外力的大小都是随机的、不可控制的，因此汽车上必须装设一系列专门装置以实现对汽车的制动和减速控制，如图 3-87 所示。

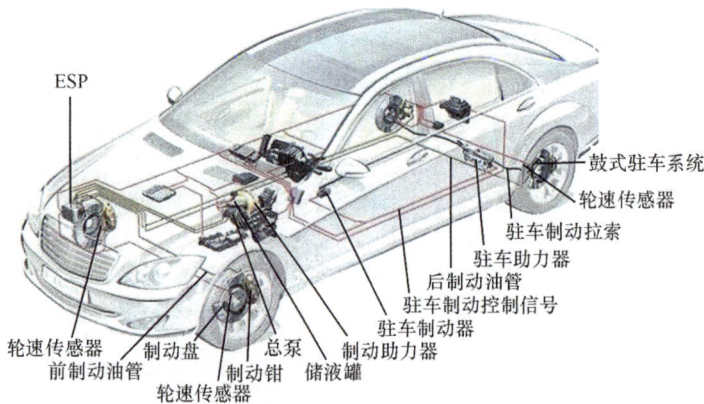

图 3-87 制动系统构造及控制线路

（1）制动系不工作时：蹄鼓间有间隙，车轮和制动鼓可自由旋转。

（2）制动时：要汽车减速，脚踏下制动器踏板通过推杆和主缸活塞，使主缸油液在一定压力下流入轮缸，并通过两轮缸活塞推使制动蹄绕支承销转动，上端向两边分开而以其摩擦片压紧在制动鼓的内圆面上。不转的制动蹄对旋转制动鼓产生摩擦力矩，从而产生制动力。

（3）解除制动：当放开制动踏板时回位弹簧即将制动蹄拉回原位，制动力消失。

任务三　了解制动系统中制动器的一些类型及制造特点

一、什么是鼓式制动器？

载重汽车的后轮一般都是鼓式制动器，它由外面的制动鼓和里面的制动蹄片组成，当蹄片撑开时蹄片与鼓内圆接触而进行制动，如图 3-88 所示。

另外一般轿车的驻车制动器（俗称手刹车）都是采用鼓式制动器，只对两个后轮起制动作用，因此，在做"漂移"动作时，为了让后轮产生滑动，一般都要拉一下驻车制动器。

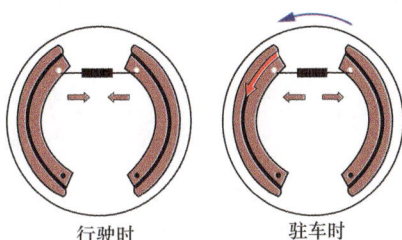

行驶时　　驻车时

图 3-88　鼓式制动工作原理

二、鼓式制动器的工作原理是什么？

鼓式制动也叫块式制动，是靠制动块在制动轮上压紧来实现制动的，如图 3-89 所示。鼓式制动是早期设计的制动系统，其制动鼓的设计早在 1902 年就已经在马车上使用了，直到 1920 年左右才开始在汽车工业广泛应用。现在鼓式制动器的主流是内张式，它的制动块（制动蹄）位于制动轮内侧，制动时制动块向外张开，摩擦制动轮的内侧，达到制动的目的，如图 3-90 所示。

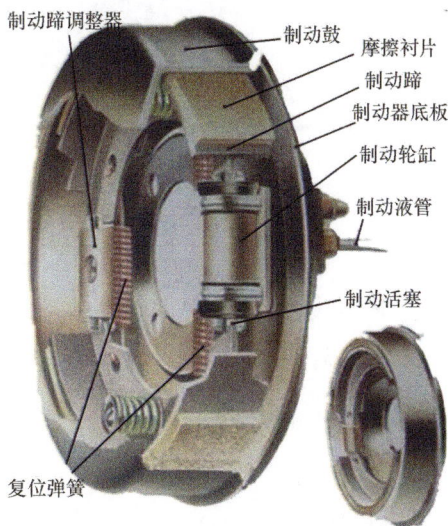

图 3-89　鼓式制动系统构造

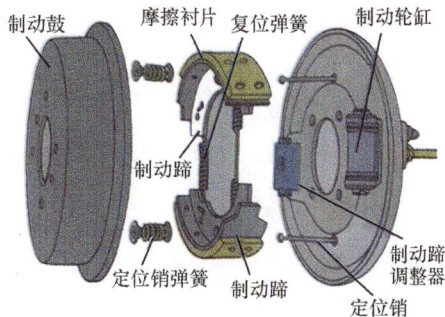

图 3-90　鼓式制动系统构造分解图

三、盘式制动器比鼓式制动器为何品质更优良？

相对于盘式制动器来说，鼓式制动器的制动效能和散热性都要差许多，鼓式制动器的制动力稳定性差，在不同路面上制动力变化很大，不易于掌控。而由于散热性能差，在制动过程中会聚集大量的热量，制动块和轮鼓在高温影响下较易发生极为复杂的变形，容易产生制动衰退和振抖现象，引起制动效率下降。另外，鼓式制动器在使用一段时间后，要定期调校制动蹄的空隙，甚至要把整个制动鼓拆出清理累积在内的制动粉。盘式制动器的结构（见图3-91）和工作原理（见图3-92）可以得出其有以下优点。

（1）制动效能比鼓式制动器稳定。

（2）浸水后制动效能降低小，即水稳定性好。

（3）在输出制动力相同的情况下，尺寸和质量较小。

（4）在制动盘的厚度方向热膨量小，受热后不会像鼓式制动那样影响制动器间隙，散热性好，如图3-91所示。

（5）保养修理作业方便。

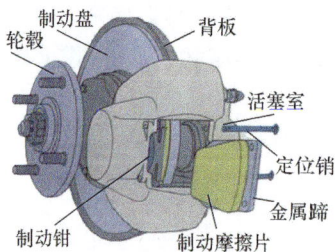

图 3-91 盘式制动系统构造分解图

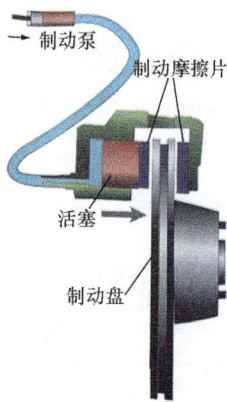

图 3-92 盘式制动系统原理

四、盘式制动器为什么制成通风形式？

通风盘式制动器是指制动盘在铸造时盘的侧面（也就是盘壁厚中）留有大量规则的孔洞，用于制动时快速散热，如图3-93所示。某些超级跑车采用4轮通风盘。通风盘式制动器一般有两种：一种是空心盘（见图3-94），在圆周处有许多通向圆心的空洞，因此散热面积大，能充分利用空气流动散热，可以有效降低制动的热衰退。由于是空心的因此与同样大小的实心盘比重量更轻。普通轿车的前轮就采用此种结构，并且通风盘正在逐步取代实心盘。

　　还有一种是在摩擦面打孔、开槽，除了增加散热面积外还有排水和排杂质的功能。这种结构的制动盘最早用于赛车，但是现在基本只用于高性能轿车上。由于散热不均匀，打孔处易开裂；容易造成制动片磨损不均匀，赛车上基本不采用了。由于磨损制动片很严重，寿命很短，普通车辆也不采用。

图 3-93　制动盘通风示意图

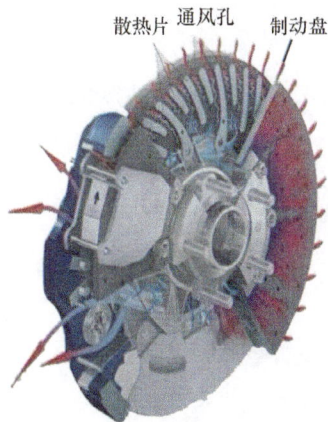

图 3-94　通风制动盘散热示意图

五、什么是真空制动助力器呢？

　　真空制动助力系统也称作真空伺服制动系统，是在人力液压制动的基础上加设一套由其他能源提供制动力的助力装置，使人力和动力可兼用，即兼用人力和发动机动力作为制动能源的制动系，如图 3-95 所示。在正常情况下，其输出工作压力主要由动力伺服系统产生，因而在动力伺服系统失效时，仍可全由人力驱动液压系统产生一定程度的制动力。

六、制动盘有陶瓷的吗？

　　制动盘就是刹车盘，为了解决现有铸铁制动盘耐磨性差、高温制动摩擦力衰减等问题，汽车上采用陶瓷制动盘，如图 3-96 所示。奥迪陶瓷制动盘由 10 个可变形的连接

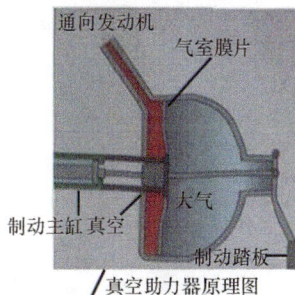

图 3-95　真空助力器位置和原理图

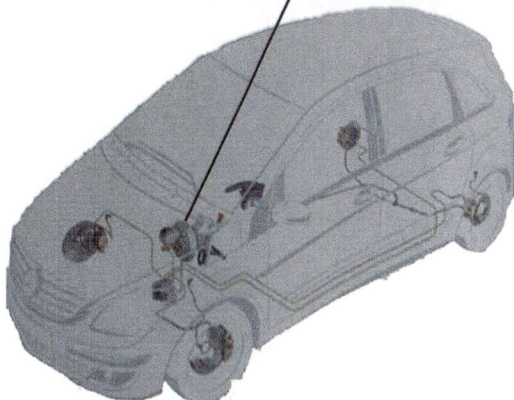

装置，固定在与轮毂相连的不锈钢制动底板上，安装在内部通风制动盘上的冷却管，确保了制动盘的最佳冷却性能。这种陶瓷混合了如钻石般坚硬耐磨的金刚砂，并将高强度的碳纤维加入基底材料之中，从而有效地吸收了内在产生的压力。高科技材料的应用带来了整体的优越性，其中陶瓷制动盘的抗锈蚀性能最为显著，制动盘上绝对不会有任何生锈的迹象。此外，动感的外观、独特的散热孔式样以及红色的制动卡钳，都增添了诸多引人注目的时尚感。

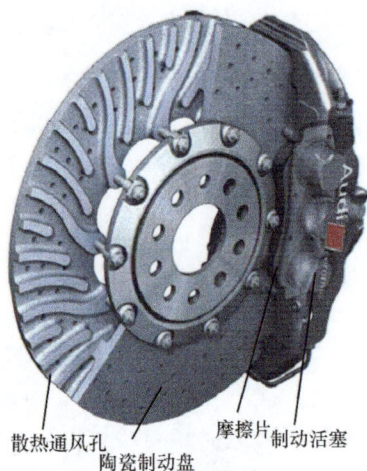

散热通风孔　陶瓷制动盘　摩擦片　制动活塞

图 3-96　陶瓷制动盘构造图

思考题

1. 汽车制动系的作用是什么？
2. 汽车制动系由哪些装置组成？
3. 说明驻车制动器的类型？
4. 说明增压式伺服制动系统与助力式伺服制动系统有什么相同点和不同点？
5. 陶瓷制动盘与铸铁制动盘相比具有哪些方面的优越性？

任务描述

1. 熟悉汽车电气系统的基本构成。

2. 了解汽车电气设备的基本作用。

3. 了解汽车安全舒适系统电气设备的作用。

导　入

我们一起来思考一个问题。

夜间外出时，走在路上，突然您眼前一片漆黑，就好像失明一样，处在伸手不见五指的环境，您将有什么反应呢？是否有一种特别害怕、特别无助和迷失方向的感觉呢？一时无法继续前行。同样，行驶中的汽车也是需要照明的。

课题一　汽车电气系统的组成
The composition of vehicle electrical system

📖 任务一　熟悉汽车电气系统的构造及特性

一、汽车电气系统的重要组成部分有哪些？

汽车的电气系统是由电源、用电设备、控制开关等组成的，如图 4-1 所示。

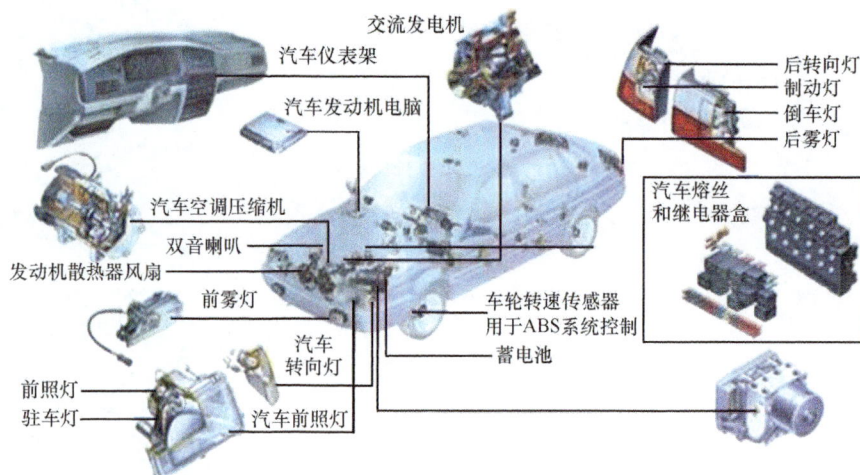

图 4-1　汽车电气系统分布示意图

（1）电源系统：包括蓄电池、发电机、调节器。

（2）起动系统：包括串励式直流电动机、传动机构、控制装置。

（3）点火系统：包括点火开关、点火线圈、分电器总成、火花塞等。

（4）照明系统：包括汽车内、外各种照明灯及其控制装置。用来保证夜间行车安全。主要有前照灯、雾灯、尾灯、棚灯、牌照灯等。

（5）信号系统：包括喇叭、蜂鸣器、危险警示灯、闪光器及各种行车信号标识灯。用来保证车辆运行时的人车安全。

（6）仪表系统：包括各种电器仪表（电流表、充电指示灯或电压表、机油压力表、温度表、燃油表、车速及里程表、发动机转速表等）。

（7）安全舒适系统：包括空调系统、电动座椅、电动门窗、安全气囊、自动控制系统、影音系统、巡航系统等。

二、汽车电气系统具有哪些作用和特性呢？

汽车电气系统是汽车的重要组成部分之一，其性能好坏直接影响汽车的动力性、经济性、可靠性、安全性、舒适性及排放等性能。汽车电气系统是现代汽车发展水平的一个重要标志，其科技含量已成为衡量现代汽车档次的重要指标之一。随着科技的发展集成电路和微型电子计算机在汽车上的广泛应用，电器的数量在增加，整体功耗在增大，产品的质量性能在提高，结构更趋完善。所以它具有以下作用和特性。

1．作用

（1）起动系统对汽车进行起动控制。

（2）汽车的点火系统产生高压电火花，按发动机的工作顺序点燃气缸内的可燃性混合气。

（3）汽车的照明与信号系统为保证安全行车提供所必需的灯光和信号。

（4）仪表及指示灯系统用来监测发动机和其他装置的工作情况。

（5）电动辅助控制系统，如车窗、电动座椅、电动后视镜等，提高汽车的舒适性和安全性。

2．特性

（1）低压——汽油车多采用 12V，柴油车多采用 24V。

（2）直流——主要从蓄电池的充电来考虑，蓄电池只能储存直流电，并且汽车上所有用电设备都是使用直流电。

（3）单线制——单线制即从电源到用电设备使用一根导线连接，而另一根导线则用汽车车体或发动机机体的金属部分代替。单线制可节省导线，使线路简化、清晰，便于安装与检修。

（4）负极搭铁——采用单线制时将蓄电池的负极与车体相连接，称为负极搭铁。

📖 任务二　汽车总线的认识

汽车电气系统的总线是怎么布置的？

CAN-BUS 是"控制器局域网"的简称，它具有极强的抗干扰和纠错能力，早期用于军事设施上。CAN-BUS 用于民用汽车最早起源于欧洲。汽车上各种传感器就是通过 CAN-BUS 来传递数据信息的。

从 图 4-2 中可以看到汽车全身布满像人体血管一样的东西，我们也可以把 CAN-BUS 看成汽车的神

图 4-2　汽车电气系统总线布置示意图

经系统，通过传感器把汽车运行中的数据发送到总线上。汽车电气系统将根据自己的所需从总线获取数据信息，通过电气设备来帮助驾驶员完成汽车的正常使用和行驶。CAN-BUS 在汽车上的运用与传统汽车相比减少了车体内线束和控制器的接口数量，避免了线束之间信息的相互干扰，大大降低了汽车电气系统的故障。

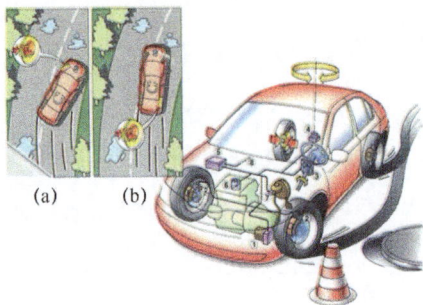

图 4-3　电子稳定程序工作原理示意图

1—ABS 控制单元；2—轮速传感器；3—转向盘角度传感器；
4—偏航速度和侧向加速度传感器；5—发动机电子控制单元；
6—节气门；7—制动压力传感器；8—CAN 控制总线

当后驱车在转弯时发生转向过度，而要出现"甩尾"现象时，ESP 会制动外侧的前轮来稳定车辆，如图 4-3（a）所示；当前驱车在转弯时发生转向不足而要冲出弯道时，ESP 便会制动内侧后轮来纠正车辆的行驶方向，如图 4-3（b）所示。

思考题

1. 汽车的电气系统是由哪些部件组成的？

2. 汽车电气系统有什么作用？

3. 汽车电气系统具有哪些方面的特性？

4. 汽车照明系统有哪些装置？各有什么作用？

5. 安全舒适系统由哪些装置和系统构成？

6. 电子稳定程序系统是怎样的一个工作过程？

7. 控制局域网中 ABS 指的是什么？

课题二　汽车电气系统的基本功能
The basic function of auto electrical system

任务一　了解电源及照明系统的工作过程

一、电源系统的作用及工作过程是怎样的？

汽车电源系统是给汽车用电设备提供电源的装置，主要包括发电机、蓄电池、调节器等，如图 4-4 所示。

1．发电机

发电机正常工作时，由发电机向全车用电设备供电，同时给蓄电池充电。

2．蓄电池

蓄电池为可逆的直流电源。在汽车上使用最广泛的是起动用铅蓄电池，它与发电机并联，向用电

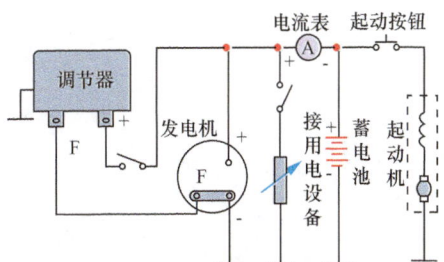

图 4-4　电源控制电路

设备供电。蓄电池的作用是：①当发动机起动时，向起动机和点火系供电；②在发电机不发电或电压较低的情况下向用电设备供电；③当用电设备同时接入较多，发电机超载时，协助发电机供电；④当蓄电池存电不足，而发电机负载又较少时，它可将发电机的电能转变为化学能储存起来。因此它在汽车上占有重要位置。

汽车所用的发电机有直流发电机、交流发电机。直流发电机是利用机械换向器整流，交流发电机是利用硅二极管整流，故又称硅整流发电机。

汽车用电器都是按照一定的直流电压设计的，汽油机常用 12V，柴油机常用 24V。在汽车上，发电机既是用电器的电源，又是蓄电池的充电装置。为了满足用电器和蓄电池的要求对发电机的供电电压和电流变化范围也有一定的限制。

3．调节器

直流发电机所匹配的电压调节器是把发电机的输出电压控制在规定的范围内的调节装置，其作用是在发电机转速大幅度变化时，自动控制发电机的输出电压保持基本不变（12V 的车一般控制在 14V 左右），防止发电机的输出电压过高而烧坏用电设备和导致蓄电池过充电，同时也防止发电机输出电压过低而使用电设备不能正常工作和蓄电池充电不足。现在汽车广泛采用集成电路调节器，安装于发电机内部，与发电机做成一个整体。

二、照明系统中随动转向前照灯的作用及工作过程？

照明系统主要是用于提示行人和其他车辆保证夜间行车安全的一个装置。

随动转向前照灯系统（AFS），也被称为主动转向前照灯。在行驶过程中，当驾驶员转动转向盘的同时，前照灯也会转动一定角度（一般为15°），以消除照明死角，如图 4-5 所示。尤其是

随动转向前照灯可以看到弯道内侧的交通情况

图 4-5　随动转向前照灯

图 4-6　随动转向前照灯构造

1—自动调整机构；2—电动机；3—蜗杆；
4—旋转驱动电动机；5—旋转轴；6—氙灯灯泡

当弯道边上有行人或骑自行车者时，随动转向前照灯显得更为重要。

随动转向前照灯系统不仅可以使前照灯左右转动，它还会根据车身平衡度的变化而自动调节光柱上下角度，如图 4-6 所示。例如，当制动、上坡或下坡、前后乘坐人员不等时，车头下探或上仰的同时灯光也会自动调整上下角度，以维持光照的范围不变，从而提高行车的安全性能。

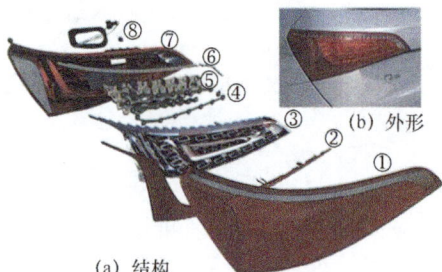

📖 任务二　了解汽车电气设备的功用

一、LED 车灯是怎样的一种结构？

LED 车灯不像传统的灯泡通过热能使钨丝升温而发光，而是利用半导体发光二极管通电由电能直接转换为光能，所以称为冷光。LED 灯现在主要应用于汽车尾灯上，如图 4-7 所示。

在前照灯上应用比较少，有的也只是作为示宽灯使用，如图 4-8 所示。

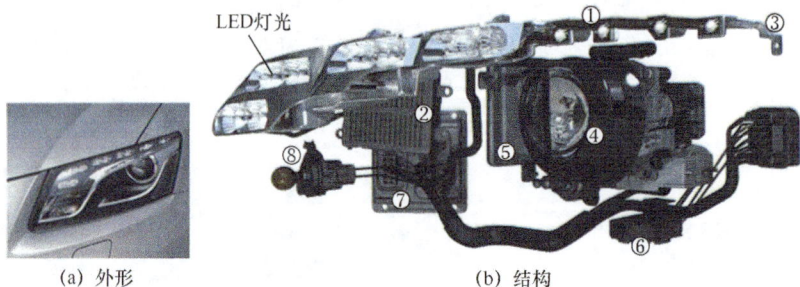

图 4-7　LED 尾灯

1—灯罩；2—装饰条；3—反射器；
4—尾灯和制动灯；5—热槽；6—发光 LED；
7—尾灯壳；8—垫圈和连接器

图 4-8　装有 LED 示宽灯的前照灯

1—LED；2—LED 控制单元；3—LED 散热片；4—氙灯；5—氙灯稳定器；
6—远光灯开关控制；7—电源模块；8—转向灯单元

二、汽车喇叭是怎样工作的？

汽车喇叭有电动喇叭和气动喇叭两种。

电动喇叭（见图 4-9）是由电磁铁带动喇叭膜片振动而发声。当电磁铁线圈通电后产生吸力拉动膜片，同时拉动一常闭触点，使线圈断电；被拉动的膜片释放后，又重复前一过程，这样周而复始，使膜片振动发声。

气动喇叭（见图4-10）的工作由气阀控制，气阀开启时，喇叭发声，关闭时停止发声。

图 4-9　电动喇叭图

图 4-10　气动喇叭图

汽车喇叭按频率高低分有高、中、低音3种。电喇叭外形多是螺旋形和盆形，广泛应用在各种汽车上。轻型乘用车都用电喇叭。气喇叭利用压缩空气的气流使金属膜片产生振动，外形多是长喇叭形（筒形），声音大且声调高，传播距离远，多用在跑长途的大、中型汽车上，城市内是禁止使用的。

螺旋形汽车电喇叭附带扬声筒，扬声筒卷成螺旋形以压缩体积，音质优美响亮。盆形汽车电喇叭不带扬声筒，形状扁平体积较小，重量轻且安装方便，音质略差，但使用广泛。

三、汽车仪表系统各有哪些作用？

汽车仪表的作用是帮助驾驶员随时掌握汽车主要部分的工作情况，及时发现和排除可能出现的故障和不安全因素，以保证良好的行使状态。汽车常用仪表有电流表、水温表、发动机机油压力表、燃油油量表及车速里程表，有的汽车还有发动机转速表和制动系储气筒气压表等。

1．电流表

电流表串联在充电电路中，是用来指示蓄电池充、发电状态的仪表，按结构形式可分为电磁式、动磁式和光电指示灯式。最常用的是电磁式电流表（见图4-11），它具有结构简单、耐振等特点。现代汽车往往将其省去，用充电指示故障灯代替其功能。

2．机油压力表

机油压力表（油压表）可用来指示发动机机油压力的大小和

图 4-11　电流表

发动机润滑系工作是否正常。它由装在仪表板上的油压指示表和装在发动机主油道中或粗滤器上的传感器两部分组成，如图 4-12 所示。

3．水温表

水温表可用来指示发动机水泵中冷却水的工作温度是否正常。它由装在仪表板上的水温指示表（见图 4-13）和装在发动机气缸盖水泵上的水温传感器（俗称感温室）两部分组成，两者用导线相通。常用水温指示表为双金属式和电磁式，传感器有双金属式和热敏电阻式两种。

4．燃油表

燃油表是用来指示燃油箱内储存燃油量的多少。它由装在仪表板上的燃油指示表（见图4-14）和装在燃料箱内的传感器两部分组成。燃油指示表一般为电磁式。

图 4-12　机油压力表

图 4-13　水温表

图 4-14　燃油表

思考题

1. 汽车电源系统有什么作用？

2. 发电机有什么作用？

3. 调节器在汽车电路中起到什么作用？

4. 汽车照明系统中随动转向前照灯是怎样工作的？

5. 举例说明汽车仪表系统的燃油表、机油压力表和水温表各有什么作用？

课题三　汽车安全舒适系统
Auto safety comfort systems

随着人们对汽车的安全性能、舒适性能的日益重视，传统的汽车安全措施及舒适程度已经满足不能满足人们的需要。制动系统已经逐渐升级为防抱死控制系统（ABS），近来又在 ABS 的基础上发展了相关的 ASR、ESP、EBD、EDL、EBC 等电子制动控制系统；同时还开发了一些电子产品等帮助驾驶员完成智能操作，目的是使汽车在各种操控路面条件下都能得到最佳的控制和行驶稳定舒适性。

任务一　认识汽车安全舒适系统部件

一、汽车空调是怎么制冷的？

汽车空调系统与一般家庭空调的制冷原理和结构基本一样，都是利用制冷剂的特性，在其压力下降时，吸收通过蒸发器外表面空气的热量，达到降低气温的目的，如图 4-15 所示。汽车空调主要由压缩器、冷凝器、干燥器、蒸发器、膨胀阀、管道、冷凝风扇、真空电磁阀、怠速器等组成。

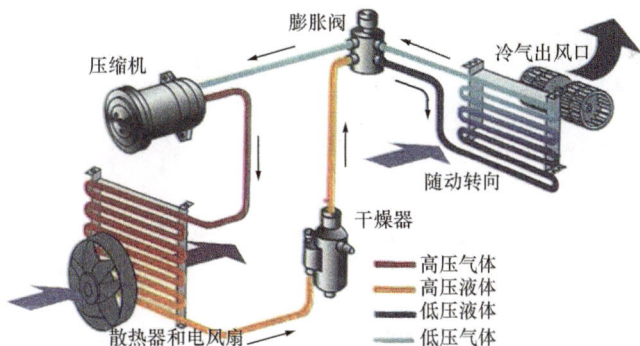

图 4-15　汽车空调工作原理示意图

空调系统按动力源分类可分为独立式空调和非独立式空调。

（1）独立式空调有专门的动力源（如第二台内燃机）驱动整个空调系统的运行。一般用于长途货运、高地板大中巴等车上。

（2）非独立式空调是直接利用汽车的行驶动力（发动机）来运转的空调系统。非独立式空调由主发动机带动压缩机运转，并由电磁离合器进行控制，如图 4-16 所示。接通电源时，离合器断开，压缩机停机，从而调节冷气的供给，达到控制车厢内温度的目的。其优点是结

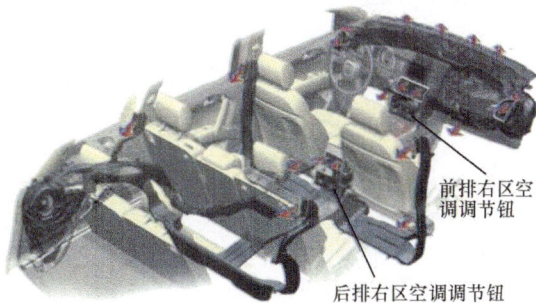

图 4-16　四区出风口式空调结构

构简单、便于安装布置、噪声小。空调系统运行时需要消耗主发动机 10% ～ 15% 的动力，直接影响汽车的加速性能和爬坡能力。同时其制冷量受汽车行驶速度影响，如果汽车停止运行，其空调系统也停止运行。绝大部分轿车、面包车、小型客车都使用这种空调。

二、汽车座椅上为什么要安装头枕？

不少人认为汽车座椅上的头枕仅是汽车的一种装饰或一般配置，却不知它还是个基本的安全装置。其实汽车头枕除了为你带来舒适感外，还可以保护脆弱的颈部。当汽车

图 4-17　主动头枕

发生碰撞时，车辆的加速与减速的力量全部挤压在人脆弱的颈部。即使车速只有每小时 10km，如果得不到汽车头枕的保护，车内驾乘人员的颈部也很容易受伤。

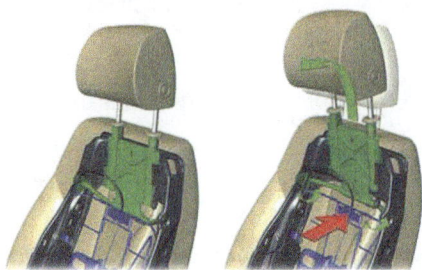

被追尾的时候，头会高速冲向头枕，再反向冲向前（甩鞭效应），造成颈椎损伤。现在有的车配备主动安全头枕（见图 4-17），能主动向前靠近头部，减小颈椎损伤。

📖 任务二　了解安全舒适系统的基本功能

一、汽车电动座椅有哪些操作功能？

轿车的电动座椅系统由双向电动机、传动机构、调节控制电路等组成。

图 4-18　座椅加热功能示意图

汽车的平顺性是人们评价现代汽车舒适性的指标之一。座椅是汽车与驾乘者接触最密切的部件，人们对汽车平顺性的评价多是通过对座椅的感受做出的，因此座椅是直接影响汽车舒适性的关键部件之一。现代汽车特别是一些高级轿车上，已普遍采用了多功能动力调节座椅，使驾驶和乘坐人员乘坐舒适、久坐不乏。可调式电动座椅是按人体轮廓要求设计，能为人体的头部、背部、腰部和臀部提供最佳位置；有些还具有加热功能，在寒冷天气可使乘坐者更加舒适，如图 4-18 所示。

驾驶员或乘坐人员通过电动座椅调节开关，即可完成不同

的调节功能，如电动座椅前端上、下调整等，如图4-19所示。

二、安全气囊起什么作用？

典型的气囊系统包括两个组成部分：探测碰撞点火装置（或称传感器）和气体发生器的气囊（或称气袋）。当传感器开关启动后，控制线路即开始处于工作状态，并借着侦测回路来判断是否真有碰撞发生。信号必须同时来自两个传感器才会使安全气囊开始作用。由于汽车的发电机及蓄电池通常都处于车头易受损的部位，因此，安全气囊的

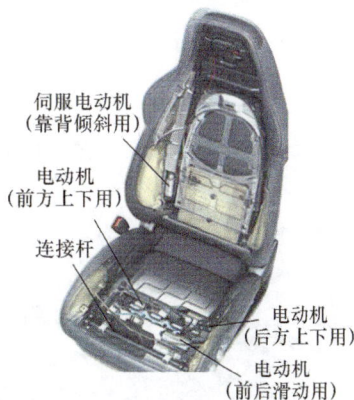

伺服电动机
（靠背倾斜用）
电动机
（前方上下用）
连接杆
电动机
（后方上下用）
电动机
（前后滑动用）

图 4-19　电动调节座椅结构示意图

控制系统皆具有自备的电源以确保作用的发挥。在判定施放安全气囊的条件正确之后，控制回路便会将电流送至点火器，接着瞬时快速加热，将内含的氮化钠推进剂点燃。在近乎爆炸的化学反应快速发生的同时，会产生大量无害的以氮气为主的气体，将气囊充气至饱满的状态，并借着强大的冲击力，气囊能够冲开转向盘上的盖而完全展开，以保护驾驶者头部不受伤害，如图4-20所示。同时在推进剂点燃的过程之中，点火器总成中的金属网罩可冷却快速膨胀的气体，随即气囊可由设计好的小排气口排气，以发挥逐渐缓冲功能，并避免在车身仍继续移动时阻碍碰撞后的视线。

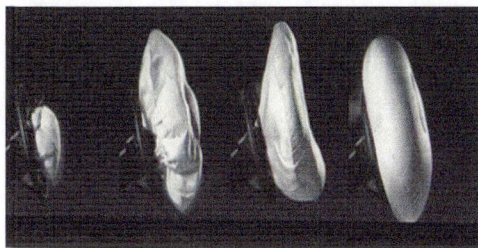

图 4-20　安全气囊启爆过程

案例

一辆刚买四天的新车在山路上行驶时发生了这样的事故：山路路面不是很好但来往的大小车辆能正常行驶。此车在与一货车让道时，底盘被石头碰刮了，并无大碍也没有什么异常情况；继续向前行驶，当车行驶在一段较直的路面，行驶至中段时路面呈凸型，凸型有一定的长度，车子在凸起的至高点处底盘再次碰撞，这时气囊打开了，罩住了驾驶员的全脸，并发出了响声，致使驾驶员感觉不到车身受损，而被这意外的爆炸声所惊吓；所幸的是驾驶员反应快，刹住了车，控制了事态的进一步发展。车身外观毫发无损，除了底盘外没有任何一点损伤，保险杠也无一点擦痕。那么是什么原因造成底盘第二次碰撞时安全气囊被启爆呢？

案例分析

（1）"底盘被石头碰刮了，并无大碍也没有什么异常情况"这就说明底盘轻微碰撞是行驶过程中的正常现象。

（2）"车子在凸起的至高点处底盘再次碰撞，这时气囊打开了"这就说明这次的碰撞已

经达到了安全气囊启爆的强度。

（3）从案例现象可以看出这个问题其实就是一个关于安全气囊在什么条件下才启爆的问题。

（4）要了解安全气囊在什么条件下启爆，首先就应该弄清楚其组成结构及工作过程：安全气囊是由折叠好的气囊、充气器、点火器、氮气固态粒子和相应的加速传感器、控制器等组成，如图 4-21 所示。其工作过程：当碰撞发生时，控制器根据传感器发出的加速度信号，识别和碰撞的强度；当碰撞强度达到设计条件时，引爆气囊的传感器迅速触动点火器引爆氮气固态粒子，形成迅速膨胀的气袋，以缓冲乘客所受的冲击力，主要保护其头部不受伤害。

正面碰撞安全气囊传感器

侧面碰撞安全气囊传感器

侧面碰撞安全气囊传感器

图 4-21 安全气囊碰撞传感器

结论

安全气囊虽然是一个爆炸装置，但不会轻易启爆。一般来说，车速达到每小时 30km 设计条件及正面角度 (60°) 范围内有剧烈碰撞就会启爆。此案例中"当车行驶在一段较直的路面"说明车速已经达到了设计条件，所以第二次碰撞才引爆了安全气囊。

三、折叠顶篷和天窗怎样开启？

汽车折叠顶篷分软顶和硬顶两大类，其中软顶还分自动折叠（见图 4-22）和手动折叠两种。像奔驰、宝马、标致等都装了硬顶折叠顶篷，一般分为三片式和折叠式设计。通过手动开关或遥控钥匙开关按钮，车顶自动折叠收入后面的行李箱。关闭时只需按下操作按钮，顶篷自动从行李箱中伸展出来。

汽车天窗分半开和全开两种，一般都是半开的。开关按钮一般设置在前照明灯旁，向后拉超过 3s，天窗完全打开，中间再拉一下开关，天窗就停止。

顶篷折叠开关执行机构

图 4-22 软顶篷开关执行结构示意图 1

向前拉也是如此，不过天窗后部只能翘起。

四、汽车巡航系统有什么作用？

根据其特点巡航控制系统一般又称为巡航行驶装置、速度控制（Speed Control）系统、自动驾驶（AutoDrive）系统等。汽车巡航控制系统（CCS）可使汽车工作在发动机有利转速范围内，按司机所要求的速度闭合开关之后，不用踩油门踏板就可以自动地保持车速，使车辆以固定的速度行驶，如图 4-23 所示。

采用了这种装置，在高速公路上长时间行车后，驾驶员就不用再去控制油门踏板，减轻了疲劳，同时减少了不必要的车速变化，可以节省燃料。减轻驾驶员的驾驶操纵劳动强度，从而提高了汽车行驶的舒适性。

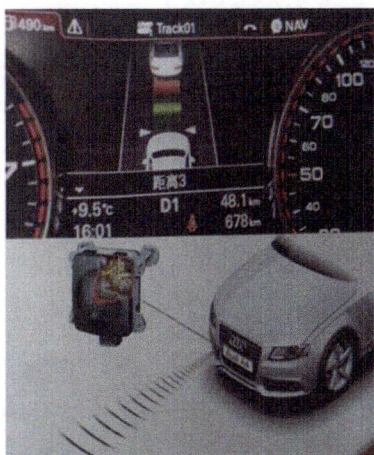

图 4-23　汽车巡航控制系统

五、汽车车道保持系统的原理是什么？

我国汽车工业发展到今天，汽车安全性受到人们更多的关注，高科技在汽车中的应用层出不穷，车道偏离报警系统就是一例（如车辆装有车道偏离警告系统的摄像头，如图 4-24 所示。专家指出，约有 50% 的汽车事故是偏离正常行驶的车道引起的，究其原因主要是驾驶员心神烦乱、注意力不集中或疲劳驾驶。车道保持系统会在车辆高速行驶时提醒驾驶员，汽车正在偏离正常行驶的车道，让驾驶员及时纠正行车路线。这是继安全带、安全气囊之后，在汽车内安装的又一项安全装置。

图 4-24　用于车道偏离警告系统的摄像头

因道路和车辆系统本身因素所至，还不能够做到真正自动驾驶（道路行车标示线的清晰度，难以预料的路况，车况以及系统本身在车辆行驶时的识别、运算、判断，直至对本车的执行终端发出指令一系列的综合性能的不足等），所以我们只能够称这样的系统为车道保持系统。其实就是自动驾驶系统的雏形。该系统能够依照道路行车标识线自动驾驶车辆行驶，以翼虎汽车的实际运作为例（见图 4-25）：打开这个功能后，车辆自动驾驶，行车电脑图形显示车的两侧有与车平行的两条绿色的线条，一旦系统监测车辆偏移路线（也有可能是路面行车线不清晰）行车电脑图形上面绿色的

图 4-25　翼虎车道保持系统

线条将变成黄色预警。此时系统进行道路修正，试图将偏移线路的车辆"开"回车道来，如果因为道路行车线不清晰或是其他别的原因，系统将失去参照依据；那么此时行车电脑将会显示红色线条；并且转向盘会抖动；如果车辆无意识地偏离原车道时，这个系统会通过振动转向盘和仪表上显示的提示信息给驾驶员警告，确保车辆在规定车道内行驶。可以看出这系统对于防止疲劳驾驶是有一定作用的，但是，我国现有的道路情况特别复杂，即使是装有这种车道保持系统的车辆在高速行驶时驾驶员也要具有车行千里、安全第一的意识。

六、汽车电控操作模式有什么功能及用途？

汽车电控操作模式的运用其实质就是保持汽车运行时的一种安全舒适，如图 4-26 所示。拥有电控操作模式的车辆，您也可以把其看成一种"运动""自动"和"舒适"之间的转换。

图 4-26　奥迪 A4 轿车驾驶模式选项集成系统示意图

全新 BMW（宝马）3 系的智能驾驶控制系统为驾驶者提供了 4 种驾驶模式：ECO PRO（自动）、COMFORT（舒适）、SPORT（运动）、SPORT+（运动极速）。

操作模式的选用可以使其车辆改变一些性能特性。发动机：改变节气门踏板性能和负荷性能。自动变速器：改变发动机转速的换挡性能。转向助力：改变随速助力转向系统的转矩曲线特性。转向比：根据行驶速度改变动态时的转向特性。

全新 BMW3 系切换键设置在挡杆左侧，每次切换都会在仪表盘的行车电脑和中央屏幕上显示相关信息。在 SPORT 和 SPORT+ 模式下，加速时的升挡机会被延后，换挡转速大大提升，此时油门的响应也更加灵敏，转向和避震阻尼都会变得更加紧绷；而 SPORT+ 模式下 DSC（军用航空动态稳定系统）会部分关闭（动态牵引力控制系统开启）。激烈驾驶时选用运动模式，油门响应几乎没有迟滞，转速畅快攀升，换挡敏捷。实测宝马 320Li 的 100km 加速成绩为 7.88s，比老款多 10s 的加速水平有了巨大飞跃。随着操控幅度的加大，电动助力转向系统会把转向盘夹紧，转向直接，回馈力度富有弹性，整辆车变得敏感起来，仿佛焕发了新的活力。新 3 系的悬架调教功底深厚，弹簧并没有多硬，却总能在必要时提供充分的支撑。它的静态重量分布顽强的保持在 50∶50，高速过弯中，车身极为稳定，后轮循迹性能出色，各种动作都很线性，易于掌握。

新 3 系在舒适模式下，轻踩油门，发动机安静顺滑，搭配的 8AT 变速箱换挡细腻，难以体会到涡轮增压的介入。ECO PRO 模式则是以燃油经济性为第一要务，油门反应相对迟缓也带来了更高的驾驶宽容度。道路驾驶中领航车在 183km 的路程中全程使用 ECO PRO 模式，而最终的平均油耗仅为 6.7L/100km。

思考题

1. 车用空调系统是怎样进行分类的？

2. 车用安全气囊有什么作用？

3. 简述汽车巡航系统的工作过程。

4. 车用电源的蓄电池、发电机是电气设备吗？各起什么作用？

5. 汽车车道保持系统是怎样工作的？

模块五 汽车车身构造

Body Structure

任务描述

1. 了解车身作用及分类。
2. 了解车身的特点。
3. 了解大客车和载货汽车车身构造。
4. 正确描述轿车车身构造和车身材料的特性。

导 入

这样的一句话：人靠衣装、马靠鞍。汽车呢？在公路上行驶的有运动型 (MPV)、SUV、迷你型、跑车型、概念型、老爷车型、房车型等。对于不同形象气质、风格各异的汽车，您会"以貌取车"吗？如果是，那我们就一起来了解车身吧！

课题一　车身分类
Vehicle classification

📖 任务一　了解汽车车身作用及分类

一、汽车车身起什么作用？

汽车车身的作用在于安全、可靠地容纳客和货以及保护客和货免受风、沙、雨、雪等侵袭和恶劣气候影响。

车身应对驾驶员提供舒适的驾驶环境，对乘员提供安全、舒适和享受的乘坐条件，保护他们尽量少受汽车行驶的振动、噪声、废气的影响，安全、准时到达目的地。

车身应保证汽车具有合理的外部形状，造型美观、色彩协调；在汽车行驶时能有效地减少空气阻力和燃料消耗。此外，车身还应有助于提高汽车的行驶稳定性和改善发动机的冷却条件。保证车内通风也是对车身的主要要求之一。

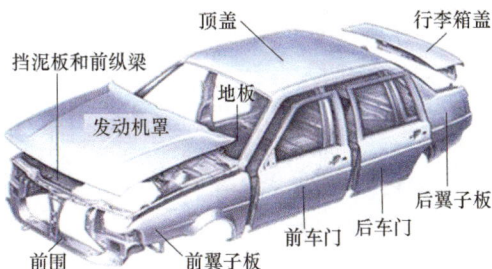

顶盖　行李箱盖　挡泥板和前纵梁　地板　发动机罩　后翼子板　前车门　后车门　前围　前翼子板

图 5-1　轿车车身

汽车车身结构主要包括车身壳体、车前钣金件、货车的车厢以及驾驶室、车门、车窗、车身内外装饰件、车身附件、座位以及取暖和通风装置等，如图 5-1 所示。

汽车车身是一件精致的综合艺术品，以其明晰的造型艺术、优雅的装饰以及悦目的色彩使人获得美的感受，美化人们的生活环境。

二、汽车车身分为哪些类呢？

汽车车身结构从形式上说，主要分为非承载式和承载式两种。

非承载式车身的汽车有刚性车架，又称底盘大梁架，如图 5-2 所示。车身本体悬置于车架上，用弹性元件连接。车架的振动通过弹性元件传到车身上，大部分振动被减弱或消除，发生碰撞时

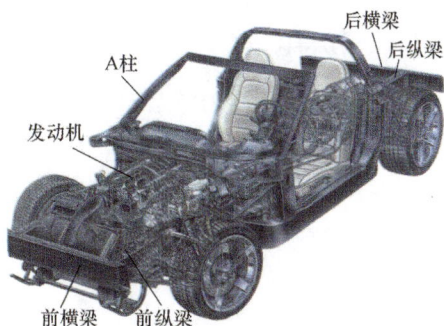

后横梁　后纵梁　A柱　发动机　前横梁　前纵梁

图 5-2　非承载式车身构造图

车架能吸收大部分冲击力；在路况较差的路面行驶时对车身起到保护作用，因此车厢变形小，平稳性和安全性好，而且厢内噪声低。但这种非承载式车身比较笨重，质量大，汽车重心高，高速行驶稳定性较差。

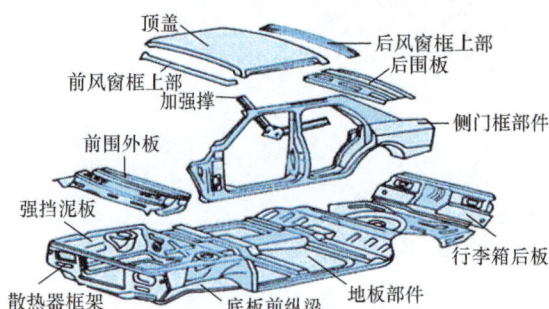

图 5-3　承载式车身构造图

承载式车身的汽车没有刚性车架，只是加强了车头、侧围、车尾、底板等部位，车身和底架共同组成了车身本体的刚性空间结构，如图 5-3 所示。这种承载式车身除了其固有的承载功能外，还要直接承受各种负荷。这种形式的车身具有较大的抗弯曲和抗扭转的刚度，质量小，高度低，汽车重心低，装配简单，高速行驶稳定性较好。但由于道路负载会通过悬架装置直接传给车身本体，因此噪声和振动较大。

非承载式车身和承载式车身都有优缺点，使用在不同用途的汽车上。一般而言，非承载式车身用在货车、客车和越野车上；承载式车身用在轿车上，现在一些客车也采用这种形式。

任务二　认识汽车车身特点

一、非承载式车身有什么特点？

非承载式车身有如下优点。

（1）车身强度高，钢架能够提供很强的车身刚性。对于载重车和越野车来说这一点非常重要。悬架对路面颠簸的反馈在车内的感觉要轻微很多，这是因为有些车的车身和底盘之间采用降低振动的方法连接在一起，所以在走颠簸路面时更平稳舒适一些。

（2）有独立的大梁，底盘强度较高。一般用在货车、客车和越野吉普车上。

（3）即使 4 个车轮受力不均匀，也是由车架承担，而不会传递到车身上去。所以 SUV 和越野车用得比较多。非全承载式车身在我国客车企业里面应用非常多。

（4）车身和车架是采用弹性元件连接的，具有一定的缓冲减振作用。在公路上行驶的时候，会感到比较平稳。

非承载式车身有如下缺点。

（1）遇到危险（如翻车）时，厚重的底盘，会对相对薄弱的车身产生致命威胁。

（2）重量大。车架本身就很重，而车身和车架又是两个独立的部件，所以整体重量就更大了；用的钢材多，成本也相对较高。

（3）汽车重心高。车辆重心比承载式的更高。车架在底部，而车身是安装在车架上，则车身的地板要在车架之上。

二、承载式车身有何特点？

承载式车身没有刚性车架，只是加强了车头、侧围、车尾、底板等部位，发动机、前后悬架、传动系统等总成部件装配在车身上设计要求的位置，如图 5-4 所示。承载式车身除了其固有的乘载功能外，还要直接承受各种负荷力的作用。目前，承载式车身通过对不同强度钢材的运用，发生碰撞时通过吸能、溃缩等方式保证车内人员安全，不管是在安全性还是在稳定性方面都有很大的提高，但是产生的噪声和振动相对较大。

承载式车身没有车架，车身已兼起车架的作用。将所有部件固定在车身上，所有的力也由车身来承受。因此，承载式车身和非承载式用途完全不同。承载式车身的车身部分（侧围、立柱、车顶等）都在承受地面、悬架传来的振动、压力，而非承载式却只有底盘在承受这些力。

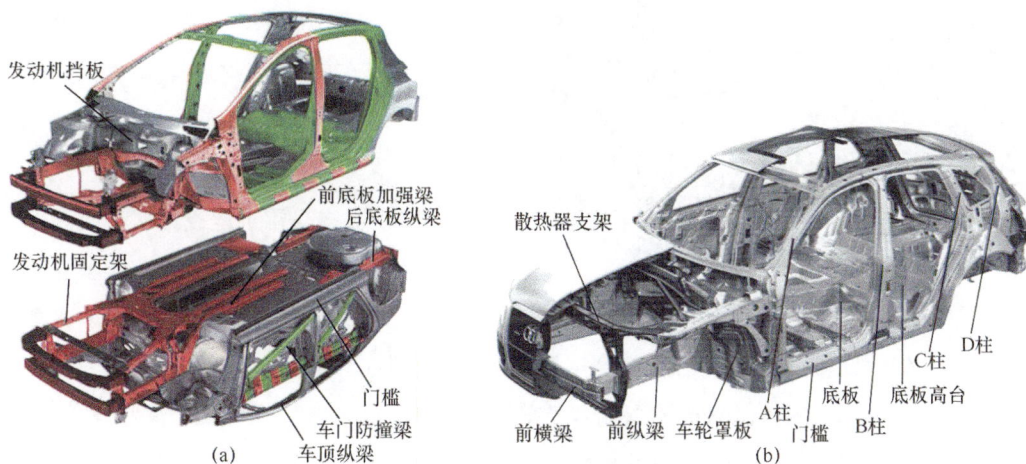

发动机挡板
前底板加强梁
后底板纵梁
发动机固定架
门槛
车门防撞梁
车顶纵梁
(a)

散热器支架
D柱
C柱
底板高台
A柱
底板
前横梁　前纵梁　车轮罩板　门槛　B柱
(b)

图 5-4　承载式车身构造图

优点：

（1）无车架，减轻整车质量；

（2）结构不影响车厢内部空间，地板高度降低，上下车方便；

（3）适合轿车、小型车以及城市 SUV 这种混合车型，重量较轻、省油；

（4）重心较低，公路行驶平稳，整体式车身比较安全。

缺点：

（1）传动系统和悬架的震动和噪声会直接传入车内，需采取防振和隔声措施；

（2）底盘强度远不如大梁结构的车身，当 4 个车轮受力不均匀时，车身会发生变形；

（3）制造成本偏高。

课题二　大客车和载货汽车车身构造
Bus and truck body construction

📖 任务一　了解大客车的结构特点及主要构件

一、大客车车身结构形式有哪些？

大客车车身结构按承载方式可分为非承载式、半承载式和全承载式3种。

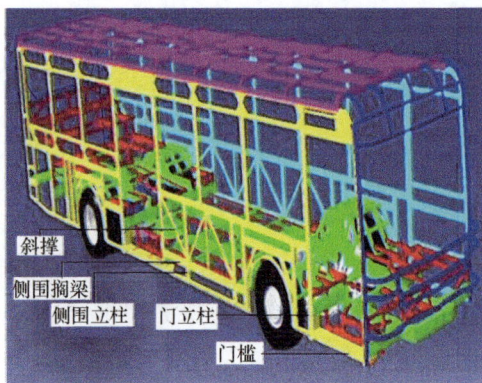

图5-5　大客车车身结构图

（1）非承载式客车的特点：有独立车架，车身与车架挠性连接，承载主体为车架。

（2）半承载式客车的特点：有独立车架，如直大梁三段式结构，车身与车架刚性连接，承载主体以车架为主，车身部分参与承载，如图5-5所示。

（3）全承载式客车的特点：无独立车架，主要为桁架结构、模块化、系列化、整体承载。国内客车行业大多采用半承载结构，而国外客车绝大多数采用的是全承载结构，非承载式结构已基本无人采用。全承载客车与半承载客车相比，技术竞争优势有：结构安全/侧翻抗扭曲强度可提高3～6倍；燃油经济性可降低5%；材料利用率可提高8%～10%；车体骨架/车架重量可降低15%；提高整车NVH性能；提高模块化设计应用程度；较好操纵稳定性。相对于半承载式客车，全承载式客车结构的最大特点是：整个车身都参与承载，由于车身的上下部结构是一个统一整体，在承受载荷时，"牵一发而动全身"，其本身就可以根据自然法则，自动调节，以强济弱，使整个车身达到稳定平衡状态。因此，设计合理的承载式车身有可能使自重轻而强度、刚度大。

二、客车车身有哪些主要构件？

承受载荷作用的所有车身构件都可以认为是承载结构的组成部分。但仍需要根据其对结构分析的影响程度分成基础结构构件和非基础结构构件两种。基础性构件是客车车身的主体。如何确定构件的相互作用，依赖于对这些构件的截面刚度分析。客车行驶时，车身结构要承受多种载荷的作用。在承受载荷作用时，一般认为载荷是按车身结构各主要组成部分的刚度进行分

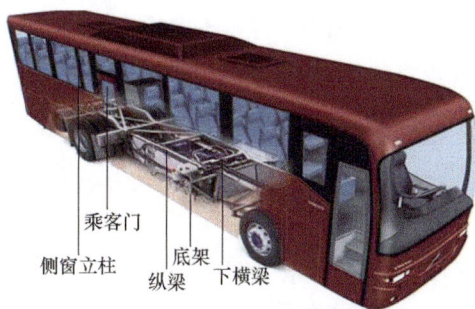

图5-6　大客车构件位置图

配的，车身刚度指标是车身结构重要的技术参数。对客车车身结构进行静态和动态分析，可获得结构的承载特性和振动特性等评价指标，并为结构的改进设计提供依据。其构件有：静态下（基础性构件）包含车架、底架、横梁、纵梁、侧窗上边梁、乘客门。动态下（非基础性构件）包含侧壁横梁、车身侧壁、侧窗立柱等，如图5-6所示。

任务二　了解载货汽车车身构造

载货汽车车身结构有哪些形式？

载货汽车车身分为驾驶室、货厢两大部分，如图5-7所示。

图5-7　载货汽车车身结构

驾驶室一般分平头式载货汽车驾驶室和长头式载货汽车驾驶室两种。

平头式驾驶室置于前轴位置之上，发动机室移向后部，其中，驾驶室前部板件、车顶、侧体呈刚性连接，并以强度可靠的风窗立柱、门柱为基础，连接方式因车型而异。

长头式载货汽车驾驶室可分为前、后两个部分：长前钣金件（俗称车头）和驾驶室主体。

载货汽车货厢：普通栏板货厢一般具有底板和4块高度为300～500mm的挡板（前板、后板和左右边板）。底板通过横梁支于下面的纵梁上，车厢纵梁用若干个U型螺栓夹紧在车架纵梁上。有少数车厢的底板没有纵梁，其横梁直接安装在汽车车架上，这种结构较轻巧但刚度较差。车厢的栏板又分别为三面开和一面开两种形式。

普通栏板式货厢常用的有木结构、钢结构、钢木结构3种，其中钢木车厢是一种混合结构。底板通常采用木材，其余部分则用钢结构。

课题三　轿车车身
Car body

任务一　了解轿车车身的构造

一、轿车车身由哪几部分构成？

由各种各样的骨架件和板件通过焊接拼装而成的轿车车身，也就是行业俗称的"白车

图 5-8　三厢车与两厢车型示意图

身"，通常有三厢车和两厢车之分。有发动机室、驾乘室及行李箱室的称为三厢汽车，如图5-8所示。只有发动机室和驾乘室（其实是驾乘室和行李箱连在一起）的小轿车称为两厢车。

三厢式轿车车身的主要零部件有发动机盖、前挡泥板、前围上盖板、前围板、车顶盖、前柱、上边梁、顶盖侧板、后围上盖板、行李箱盖、后柱、后围板、后翼子板、中柱、车门、下边梁、底板、前翼子板、前纵梁、前横梁、前裙板、散热器框架、发动机盖前支撑板，如图5-9所示。

车身的骨架件和板件多用钢板冲压而成，车身专用钢板具有深拉、延时不易产生裂纹的特点。根据车身不同的位置，一些要防止生锈的部位使用锌钢板，如翼子板、车顶盖等；一些承受应力较大的部位使用高强度钢板，如散热器支撑横梁、上边梁等。轿车车身结构中常用钢板的厚度为 0.6～3mm，大多数零件用材厚度是 0.8～1.0mm。在轿车车身构造中，有些重要零件的位置涉及车辆的整体布置、安全及驾乘舒适性问题，如立柱。

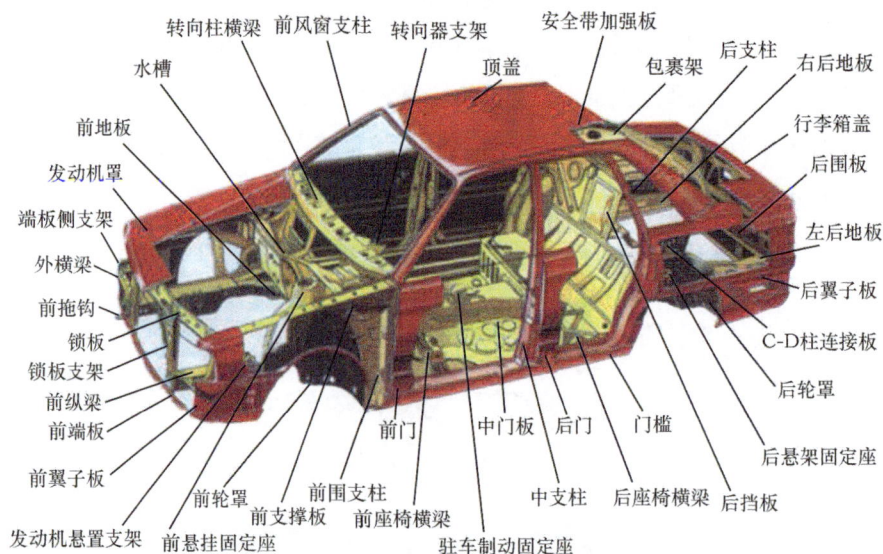

图 5-9　三厢式轿车车身结构图

一般轿车车身有 3 个立柱，从前往后依次为前柱（A 柱）、中柱（B 柱）、后柱（C 柱）。对于轿车而言，立柱除了支撑作用，也起到门框的作用。

设计师考虑前柱几何形状方案时还必须要考虑到前柱遮挡驾驶者视线的角度问题。一般情况下，驾驶者通过前柱处的视线，双目重叠角总计为5°～6°，从驾驶者的舒适性看，重叠角越小越好，但这涉及前柱的刚度，既要有一定的几何尺寸保持前柱的高刚度，又要减少驾驶者的视线遮挡影响，是一个矛盾的问题。设计者必须尽量使两者平衡以取得最佳效果。在2001年北美国际车展上瑞典沃尔沃推出最新概念车SCC，就将前柱改为通透形式，镶嵌透明玻璃让驾驶者可以透过柱体观察外界，令视野盲点减少到最低。

中柱不但支撑车顶盖，还要承受前、后车门的支撑力，在中柱上还要装置一些附加零部件（如前排座位的安全带），有时还要穿电线线束。因此中柱大都有外凸半径，以保证有较好的力传递性能。现代轿车的中柱截面形状是比较复杂的，它由多件冲压钢板焊接而成。随着汽车制造技术的发展，不用焊接而直接采用液压成型的封闭式截面中柱已经问世，它的刚度大大提高而重量减小，有利于现代轿车的轻量化。不过，有些设计师却从乘客上下车的便利性考虑，索性取消中柱。最典型的是法国雪铁龙C3轿车，车身左右两侧的中柱都被取消，前后门对开，乘员完全无障碍上下车。当然，取消中柱就要相应增强前、后柱的刚度和强度，其车身结构必须要用新的形式，材料选用也有所不同。

后柱与前柱、中柱不同的一点就是不存在视线遮挡及上下车障碍等问题，因此构造尺寸大些也无妨，关键是后柱与车身的密封性要可靠。

刚度是汽车车身设计的指标，刚度是指在施加不致毁坏车身的普通外力时车身不容易变形的能力，也就是指恢复原形的弹性变形能力。汽车在行驶过程中受到各种外力影响会产生变形，变形程度小就是刚度好。一般情况刚度好强度也好。刚度差的汽车，行驶在不平路面上就容易发出"嘎吱嘎吱"的响声。立柱的刚度很大程度上决定了车身的整体刚度，因此在整个车身结构中，立柱是关键件，它要有很高的刚度。

二、轿车车身有哪些规格？

世界各汽车厂商对轿车车身规格基本统一，如图5-10所示。如果要用车身尺寸划分轿车级别的话，一般常见的有：全长3.4m以下的轻型汽车；3.8m以下（1.0～1.3L）的揭背式二厢车与小型客货车；4m以下（1.3～1.5L）的揭背式二厢车与小型客货车；4.3m以下（1.5L）的小型轿车、旅行车、面包车；4.6m以下（1.8～2.0L）的中型轿车；4.8m以下（3.0L以上）的轿车、旅行车；4.8m（3.0L）以上的轿车。全长超过4.7m（宽超过1.7m）的3排座中、高级轿车重视的是宽裕的乘坐空间、豪华内饰以及舒适性，但也同

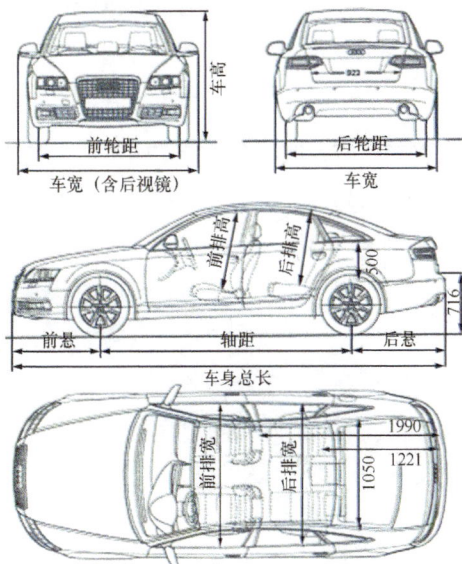

图5-10　车身规格标注

时会考虑轿车在行驶中的路面通过性、安全性等，如图 5-11 所示。

图 5-11　汽车通过性能标示图

任务二　了解轿车车身体使用的材料及制造特点

一、轿车车身材料有哪些？

轿车车身是轿车的重要组成部分，由它构成了乘员的乘坐空间和乘员乘坐环境，其外表展示整车的造型艺术和整车的特征。因此，车身材料既要满足车身设计、生产（制造）、装配、维护等方面的要求，还要满足使用、安全等方面的要求。即满足强度、刚度、耐腐蚀、拉延性以及可焊接、易加工成型等方面的要求，如图 5-12 所示。

汽车车身一般采用的是高强度钢板，经冲压折弯等加工，再用激光焊接在一起，部分关键部位采用硼钢材料。国内生产的汽车一般是用宝钢或武钢的钢材产品。欧美汽车品牌所用的钢材比较厚实，车子结实耐用，但是相应的车身也会偏重，耗油量大。日韩汽车品牌汽车所用钢材较薄，整车自重较轻，所以耗油量也相对较少，使用成本更低。

中度强度器材
拼焊板
高强度钢材
超高强度器材
铝材

图 5-12　车身材料

因此，车身使用材料大致可以分为金属材料和非金属材料两大类。

金属材料包括钢板、铸铁等重金属材料，铝、镁、钛等轻金属及其合金材料，泡沫金属材料。

非金属材料包括工程塑料、纤维、树脂、玻璃、橡胶、非金属泡沫材料、非金属复合材料等。

二、轿车车门防撞钢梁有什么作用？

依据美国国家公路交通安全管理局（NHTSA）发布的数据，车门防撞梁在 2002 年拯救了 994 名事故受害者。这些钢结构或铝结构的部件被安装在车门内部，从外面看不到，如图 5-13 所示。

防撞梁有些采用的是垂直布局，还有一些采用对角线式，也就是从底部的门框一直延伸到车窗玻璃的底部边缘，如图 5-14 和图 5-15 所示。无论其具体位置如何，车门防撞梁都是作为一种额外的吸能保护层而设计的，它可以降低乘员可能遭受的来自外部的力量。事实证明，车门防撞梁在车辆撞击固定物体（比如树木）时的保护效果非常明显。

车门防撞钢梁

图 5-13　车门防撞钢梁示意图

图 5-14　新思域车门防撞梁图

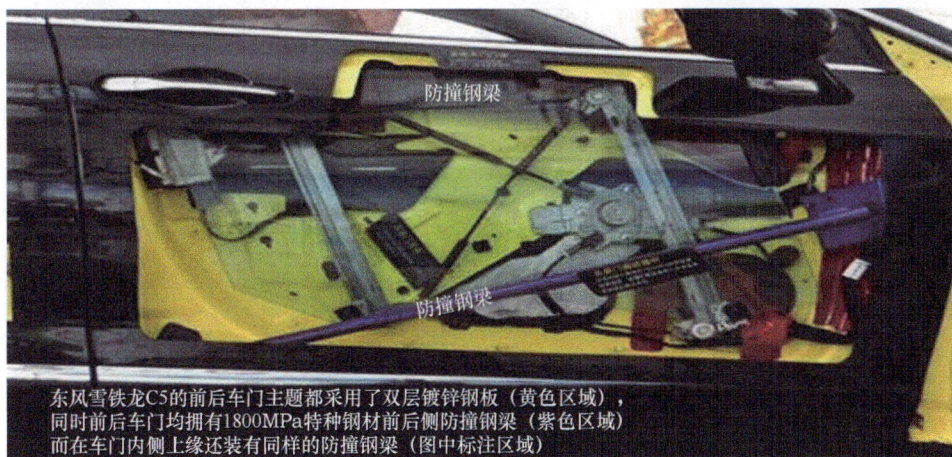

防撞钢梁

防撞钢梁

东风雪铁龙C5的前后车门主题都采用了双层镀锌钢板（黄色区域），
同时前后车门均拥有1800MPa特种钢材前后侧防撞钢梁（紫色区域）
而在车门内侧上缘还装有同样的防撞钢梁（图中标注区域）

图 5-15　东风雪铁龙车门防撞梁图

三、车身为什么要制成吸能车身？

随着现代轿车技术的不断进步和道路条件的不断改善，轿车的速度越来越高，随之带来的就是发生碰撞意外几率的增加，给车内乘客的人身安全带来的极大威胁。全世界不计其数的交通意外伤亡使人们不得不倍加关注汽车安全，为了在发生碰撞时更好地保护车内乘客的

安全，轿车车身的前后均应设计变形区，或者称为吸能区，以便保证在发生碰撞时，轿车车身的变形能够按照预先设计的方向逐渐变形直至停车，从而尽量减小传递到乘客舱和乘客身体的冲击，减小乘客舱的变形，保障车内乘客安全。

四、轿车车身为什么要有冲力转移设计？

冲力转移和溃缩吸能一样，同样是为了保护驾乘室中的人员。当汽车受到来自正面（见图 5-16）、侧面和后面的撞击时，车身将根据原有设计将撞击力进行力量分散，撞击力得到转移，从而使被撞部位减轻压力，以达到保护车内乘员的目的（见图 5-17）。

图 5-16　正面碰撞溃缩吸能示意图

图 5-17　侧面撞击冲力分散示意图

五、敞篷轿车为什么设计防滚杆？

防滚杆是为保证敞篷轿车安全而设计的，在第二排座位后面，如图 5-18 所示。一旦碰撞导致翻车的瞬间，传感器检测到翻车或碰撞（正面、后面和侧面）的潜在危险，方位传感器在 0.25s 内激发后座席背部配备的"弹出式防滚杆（RollOverBar）"。防滚杆由铝合金制成，利用弹簧的力量弹出后锁定在指定位置上，如图 5-19 所示。如果驾乘人员正确佩戴安全带，防滚杠就会保护其头部不会着地。因为敞篷车没有车顶，也没有 C 柱，所以当"底朝天"的时候，一方面靠比普通轿车更粗壮的 A 柱支持，另一方面就靠防滚架来给驾乘人员支撑出一个相对安全的空间了。确保了乘客免遭更大的伤害。

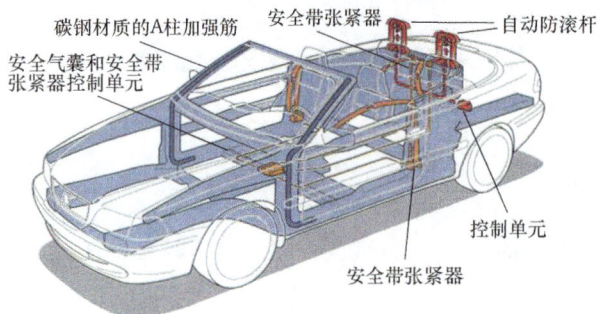

图 5-18　防滚杆控制系统示意图

图 5-19　汽车翻滚时防滚杆自动弹出

六、两厢轿车为什么要安装后刮水器？

两厢车在设计时乘坐室和行李箱是连在一起的，它和三厢轿车比，车身尺寸规格存在一定的差异性，刮水器有真空式、气动式和电动式 3 种。由于两厢车的尾部容易形成涡流，没有风从风窗玻璃上快速扫过，使后风窗玻璃上的尘土不容易被扫除，容易阻挡后方视野。因此，多数两厢车的后风窗玻璃都要装备刮水器，以随时清除后风窗玻璃上的尘土，如图 5-20 所示。

图 5-20　两厢车尾部气流示意图

思考题

1. 轿车车身根据外形可分为哪几种形式？各有哪些特点？

2. 列出你所在地区常见轿车的结构形式和各部分所用材料？

参 考 文 献

[1] 陈家瑞 . 汽车构造 . 北京：机械工业出版社，2004

[2] 陈波 . 汽车构造 . 北京：北京理工大学出版社，2011

[3] 闭柳蓉 . 新能源汽车构造与维修 . 北京：电子工业出版社，2013

[4] 杨立平 . 汽车构造 . 北京：机械工业出版社，2013

[5] 陈新亚 . 汽车为什么会"跑"图解汽车构造与原理 . 北京：机械工业出版社，2012

[6] 张嫣，苏畅 . 汽车发动机构造与维修（新编版）. 北京：人民交通出版社，2011

[7] 王家青 . 汽车底盘构造与维修（新编版）. 北京：人民交通出版社，2011

[8] 周建平 . 汽车电气设备构造与维修（新编版）. 北京：人民交通出版社，2012

[9] 许康 . 汽车电气设备构造与拆装（第二版）. 北京：人民交通出版社，2013

[10] 陈瑜 . 汽车发动机构造与拆装（第二版）. 北京：人民交通出版社，2012